中华精神家园

物宝天华

珐琅精工

珐琅器与文化之特色

肖东发 主编　李丽红 编著

中国出版集团

现代出版社

图书在版编目（CIP）数据

珐琅精工 / 李丽红编著. — 北京：现代出版社，
2014.10（2021.3重印）
　　（中华精神家园书系）
　　ISBN 978-7-5143-3019-9

Ⅰ.①珐… Ⅱ.①李… Ⅲ.①金属器物－珐琅－介绍
－中国－古代 Ⅳ.①K876.4

中国版本图书馆CIP数据核字(2014)第236239号

珐琅精工：珐琅器与文化之特色

主　　编：肖东发
作　　者：李丽红
责任编辑：王敬一
出版发行：现代出版社
通信地址：北京市定安门外安华里504号
邮政编码：100011
电　　话：010-64267325 64245264（传真）
网　　址：www.1980xd.com
电子邮箱：xiandai@cnpitc.com.cn
印　　刷：汇昌印刷（天津）有限公司
开　　本：710mm×1000mm　1/16
印　　张：10
版　　次：2015年4月第1版　　2021年3月第4次印刷
书　　号：ISBN 978-7-5143-3019-9
定　　价：29.80元

党的十八大报告指出："文化是民族的血脉，是人民的精神家园。全面建成小康社会，实现中华民族伟大复兴，必须推动社会主义文化大发展大繁荣，兴起社会主义文化建设新高潮，提高国家文化软实力，发挥文化引领风尚、教育人民、服务社会、推动发展的作用。"

我国经过改革开放的历程，推进了民族振兴、国家富强、人民幸福的中国梦，推进了伟大复兴的历史进程。文化是立国之根，实现中国梦也是我国文化实现伟大复兴的过程，并最终体现为文化的发展繁荣。习近平指出，博大精深的中国优秀传统文化是我们在世界文化激荡中站稳脚跟的根基。中华文化源远流长，积淀着中华民族最深层的精神追求，代表着中华民族独特的精神标识，为中华民族生生不息、发展壮大提供了丰厚滋养。我们要认识中华文化的独特创造、价值理念、鲜明特色，增强文化自信和价值自信。

如今，我们正处在改革开放攻坚和经济发展的转型时期，面对世界各国形形色色的文化现象，面对各种眼花缭乱的现代传媒，我们要坚持文化自信，古为今用、洋为中用、推陈出新，有鉴别地加以对待，有扬弃地予以继承，传承和升华中华优秀传统文化，发展中国特色社会主义文化，增强国家文化软实力。

浩浩历史长河，熊熊文明薪火，中华文化源远流长，滚滚黄河、滔滔长江，是最直接的源头，这两大文化浪涛经过千百年冲刷洗礼和不断交流、融合以及沉淀，最终形成了求同存异、兼收并蓄的辉煌灿烂的中华文明，也是世界上唯一绵延不绝而从没中断的古老文化，并始终充满了生机与活力。

中华文化曾是东方文化摇篮，也是推动世界文明不断前行的动力之一。早在500年前，中华文化的四大发明催生了欧洲文艺复兴运动和地理大发现。中国四大发明先后传到西方，对于促进西方工业社会的形成和发展，曾起到了重要作用。

　　中华文化的力量，已经深深熔铸到我们的生命力、创造力和凝聚力中，是我们民族的基因。中华民族的精神，也已深深植根于绵延数千年的优秀文化传统之中，是我们的精神家园。

　　总之，中华文化博大精深，是中国各族人民五千年来创造、传承下来的物质文明和精神文明的总和，其内容包罗万象，浩若星汉，具有很强的文化纵深，蕴含丰富宝藏。我们要实现中华文化伟大复兴，首先要站在传统文化前沿，薪火相传，一脉相承，弘扬和发展五千年来优秀的、光明的、先进的、科学的、文明的和自豪的文化现象，融合古今中外一切文化精华，构建具有中国特色的现代民族文化，向世界和未来展示中华民族的文化力量、文化价值、文化形态与文化风采。

　　为此，在有关专家指导下，我们收集整理了大量古今资料和最新研究成果，特别编撰了本套大型书系。主要包括独具特色的语言文字、浩如烟海的文化典籍、名扬世界的科技工艺、异彩纷呈的文学艺术、充满智慧的中国哲学、完备而深刻的伦理道德、古风古韵的建筑遗存、深具内涵的自然名胜、悠久传承的历史文明，还有各具特色又相互交融的地域文化和民族文化等，充分显示了中华民族的厚重文化底蕴和强大民族凝聚力，具有极强的系统性、广博性和规模性。

　　本套书系的特点是全景展现，纵横捭阖，内容采取讲故事的方式进行叙述，语言通俗，明白晓畅，图文并茂，形象直观，古风古韵，格调高雅，具有很强的可读性、欣赏性、知识性和延伸性，能够让广大读者全面接触和感受中国文化的丰富内涵，增强中华儿女民族自尊心和文化自豪感，并能很好继承和弘扬中国文化，创造未来中国特色的先进民族文化。

2014年4月18日

珐琅源流——唐元时期

掐丝珐琅——明代时期

绚丽多彩——清代时期

唐元时期

唐朝时期就有了珐琅，源于西城地名拂菻而有珐琅之名，珐琅器的制作，最早是从阿拉伯传入我国的。珐琅实名为珐琅器，实际上是珐琅彩的各种胎器，如金、银、瓷及玻璃等。

元朝统一全国后，随着对外交流的增多，许多身怀绝技的工匠纷纷来到我国，此时，阿拉伯地区流行的华丽的金属胎珐琅制品，也成为蒙古贵族的重要需求。

唐朝首开珐琅工艺启蒙

珐琅器的制作，最早是从阿拉伯传入我国的。珐琅器的制作是集冶金、铸造、绘画、窑业、雕、錾、锤等多种工艺为一体的复合性工艺过程。

珐琅釉料的主要原料是石英、长石、瓷土等，以纯碱、硼砂为助溶剂，用氧化钛、氧化锑、氟化物为乳化剂，以金属氧化物为着色剂，经过粉碎、混合、熔融、冷却后，再经过细磨制成珐琅粉。珐琅属硅酸盐类物质，烧结温度在800—1000℃。

其实"珐琅"两字，源自外来语"佛郎"，也就是"拂菻"，拂菻是隋唐时西域大秦国的名称。在古罗马帝国和西亚地中海

■唐代掐丝团花金杯

沿岸诸地，有一种搪瓷嵌釉，称之为拂菻嵌，后简化为拂菻。

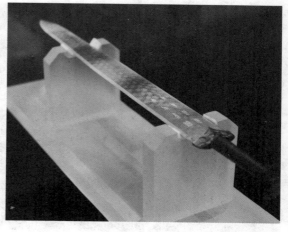

由此推断，说明隋唐时期就有珐琅了。事实也是这样，当时古罗马掐丝珐琅工艺多半用于十字架、圣体盒、圣餐杯等宗教礼器上的小型皇室徽识，也有被基督教圣徒以及个人用作装饰品。

这些器物由传教士和阿拉伯商人传入我国，被称为"佛菻嵌"，也有按波斯文称为"大食窑"。明代《格古要论》提到的"大食窑、鬼国窑、佛郎嵌"，就是指唐代的掐丝珐琅。

其实，掐丝和珐琅工艺在我国出现得很早，掐丝工艺战国已有，汉代墓中有一件工艺精湛的圆雕、镶嵌、拉丝、缀珠为一体的饰品"累丝镶嵌金羊"，在湖南长沙五里牌东汉墓、广州郊区东汉前期墓，以及魏晋南北朝墓葬中，都发现有掐丝缀珠的饰件。因此，掐丝缀珠工艺非常古老，流传已久。

至于珐琅工艺，在春秋时期越王勾践剑剑柄上已嵌有珐琅釉料，满城汉墓中的铜壶上也饰有珐琅。

但是，在历史上很长一段时期，珐琅工艺一直未形成规模，没有得到很好的发展。

到了唐代，随着经济的繁荣，丝绸之路的畅通，我国吸收了西域古国粟特、萨珊金银细作工艺，使金

勾践 春秋末期越国国君。因为是大禹的后代，所以姓姒，名勾践，又名菼执。曾败于吴，屈服求和。他唯恐眼前的安逸消磨了志气，在吃饭的地方挂上一个苦胆，每逢吃饭的时候，就先尝一尝苦味，他还把席子撤去，用柴草当作褥子。这就是后来人传诵的"卧薪尝胆"。勾践发愤图强，终使越国成为强国。

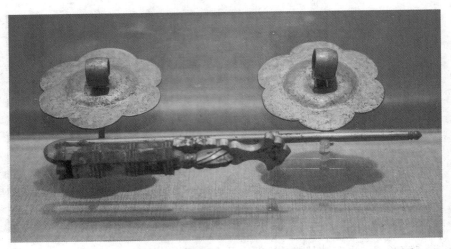

■ 唐代鎏金铜锁

珐琅精工

珐琅器与文化之特色

唐三彩 是一种
盛行于唐代的陶
器，以黄、褐、
绿为基本釉色，
后来人们习惯把
这类陶器称为
"唐三彩"。它
吸取了我国国
画、雕塑等工艺
美术的特点，采
用堆贴、刻画等
形式的装饰图
案，以造型生动
逼真、色泽艳丽
和富有生活气息
而著称。

银器发展积累的巨大能量得以爆发。

日本正仓院有一件我国唐代的铜镜，镜背饰有各色珐琅银片金丝花瓣，称为银胎金掐丝珐琅镜。该镜正面光素闪亮，背面隐起六出莲瓣花纹。

莲瓣由外及里，大小3层，中心处凸起花蕊式圆纽。花瓣周边轮廓线采取掐丝起线的方法，并以金丝掐成花瓣筋脉，内填黄、绿、紫3种色釉。釉面光亮，略显凝滞，似未做抛光处理。呈色较浓重，只是颜色不甚纯正，颇似唐三彩陶器上的低温铅釉效果。

不过，这件银胎掐丝珐琅镜那纯是烧瓷术与我国掐焊丝艺术品相结合，以低温釉料代替了镶嵌宝石之类，而产生的一种新型艺术品。

银胎金掐丝珐琅镜因为是银胎，不需要大面积施釉覆盖美化，又因为是极规格的金掐丝，不用打磨，也不能打磨，更谈不上鎏、镀金；既然称为镜，那必然又要经过一次窑的焙烧，保留了釉质烧后的天然光亮度。

由于历史的原因，这件银胎金掐丝珐琅镜确是一件稀世珍贵的艺术品，但它还不能说就是掐丝珐琅艺术品，而是"嵌丝描绘珐琅"或叫"银胎金丝画珐琅"以及"有丝珐琅"。

这种"嵌丝描绘珐琅"尤其更不能与"原始烧瓷时期"的"嵌丝外镶珐琅"或外镶珐琅等同视之，它们之间是有根本区别的。

鉴于此，说我国掐丝珐琅"启蒙"于唐代较为确切。

另外，还有著名的唐代鎏金立马，这件立马的表层鎏金，颜色偏黄。马的高度和长度均为45厘米，宽18厘米。

立马体壮膘肥，雄健非常，马头右偏，马勒紧扣，额扬金络，双目圆睁，凝视下方，神态十分安详；额毛分梳耳后，颈鬃柔顺右披，另有一缕鬃毛左拂，驯顺中透出几分飘洒；四腿挺立，短尾上翘。马鞍垂锦，马鞯雕彩，加上马身四围繁缛的掐丝缀珠与珐琅点饰，整体金光闪烁，富丽华美。

可以说，工匠高超的锤揲塑物能力，成功地展示出唐代汗血马形象，令人叹赏。但真正夺人眼球的，是其掐丝缀珠工艺及其珐琅烧蓝

■唐三彩兽头驼包骆驼

■ 唐三彩马

烧蓝 是以银做胎器，敷以珐琅釉料烧制成的工艺品，尤以蓝色釉料与银色相配最美而得名。烧蓝工艺不是一种独立的工种，而是作为一种辅助的工种以点缀、装饰、增加色彩美而出现在首饰行业中。烧蓝工艺是我国传统的首饰工艺之一，由于这种"蓝"只能烧制在银器表面，因此也称"烧银蓝"。

工艺。因前者工艺精致无比，而后者工艺为唐代所罕见。

缀珠工艺，应是金银器点缀、铺地的一种辅助工艺，同时也是唐代纹饰满地装的一个主要手段。它与锤揲、錾刻、掐丝工艺的组合，营造出对比强烈、富有变化又和谐适中的唐器装饰的典型效果。

缀珠工艺的关键是要制作出极为细小浑圆的金珠，立马纹饰一平方厘米内有金珠625颗，可见金珠之小，制作难度之大。

金珠的制作只是第一步，在这些金珠制成以后，古代工匠才可以开始对器物点缀、铺地等装饰工艺。从实物情况看，金珠的满地装，密集地铺满在纹饰周围，再撒上硼砂掺铜而成的焊药加热焊牢。

这种从炸珠到缀焊金珠的复杂工艺流程，一直是一个谜，但工艺所达到的精细华丽、美轮美奂的效果，却使每个见到器物的人赞叹不已。

因为金珠密集的衬托，粒粒金光闪烁，完全改变了以往传统铺地的形式，变平面为立体，变单调为丰富，变简易为精致，变平常为华丽，充满了新意奇致和异域风采，一下子把器物推向富贵华丽的极致，显得流光溢彩，璀璨耀目。这种无与伦比的装饰效果，更是象征了一种财富和地位。

珐琅工艺也称烧蓝，从这件立马的实物，就可确定后世的景泰蓝珐琅工艺源于唐代。应该说，珐琅烧蓝工艺同缀珠工艺一样，它是为金银器点缀、装饰、增加色彩的辅助性工艺。

　　珐琅是用玻璃粉、硼砂、石英等加铅、锡的氧化物烧制成的釉状物，涂在金属器物的表面，可以起到防锈和装饰作用。

　　唐代以后，珐琅烧蓝工艺分别向两个方向发展。一个是应用于饰品方面，成为后来以"银蓝釉"为主的烧蓝工艺。

　　另一个是在铜、银胎的基础上，逐渐扩展到瓷胎，制作工艺既利用了青铜工艺，又利用了瓷器工艺，也结合了传统绘画和雕刻技艺，创造了一种以蓝为主的风格，最终形成闻名于世的"景泰蓝"珐琅彩工艺。

　　从这件立马的工艺角度看，唐代的珐琅蓝釉工艺相对要原始一点，主要反映在两个方面：

　　一是色釉虽然也有大蓝、大黄、深绿以及复色的绛紫，但紧密度不够，表面都出现气孔和开片。

　　二是工序不同，后世成熟的珐琅工艺要经过清洗、烘干，在纹饰上敷点釉料，将胎体一起入炉烧制、打磨、抛光等工序。

　　其工艺十分繁复，首先将石英、长

景泰 明朝第七位皇帝代宗朱祁钰的年号。朱祁钰为明英宗朱祁镇弟，明英宗被蒙古瓦剌军俘去之后朱祁钰继位，重用于谦等人组织北京城保卫战，打退了瓦剌的入侵。即位后整顿吏制，使吏治为之一新。

■ 唐三彩灯

石等原料，加入纯碱、硼砂等溶剂，氧化钛、氧化锑、氟化物等乳浊剂，再加入金属氧化物等着色剂，经过粉碎、混合、熔融后，倾入水中急冷成珐琅浆。

涂敷于金属制品表面填满，拿到炉中烘烧，使色釉由砂粒状固体熔化为液体，冷却后成为固着胎体的绚丽色釉。为使色釉与掐丝的高度一样平，需反复四五次这样的填色和烧结。

而从实物来分析，唐代的珐琅烧蓝工艺相对简单，工序只有清洗、烘干、在胎体上直接敷点熔融好的珐琅色釉。因此，珐琅会出现在掐丝纹饰内敷点不全、釉面高低不平的现象。

这说明珐琅工艺在唐代尚处于成长阶段，它的复色釉料不匀，造成同一釉面上出现颜色深浅的不同和色度的变化，但也由此显得釉色更丰富、更自然，增添了一种原始美。故而这件立马，为人们研究珐琅色釉的发展提供了宝贵的实物资料。

阅读链接

景泰蓝，亦称"铜胎掐丝珐琅"，它是一种特种工艺品，是用细扁铜丝做线条，在铜制的胎上捏出各种图案花纹，再将五彩珐琅点填在花纹内，经烧制、磨平镀金而成。外观晶莹润泽，鲜艳夺目。

关于景泰蓝的起源，考古界至今没有统一的答案。一种观点认为景泰蓝诞生于唐代；另一种观点认为是元代忽必烈西征时，从西亚、阿拉伯一带传进中国，先在云南一带流行，后得到京城人士喜爱，才传入中原。

晶莹剔透的元代珐琅器

在我国宋元以来的史料中，大食为波斯之别称。《宋史·外国列传》："大食国，本波斯之别种……市肆多金银、绫锦，工匠技术咸精其能。"

元人吴渊颖诗《詠大食窑瓶》："西南有大食，国自波斯传，兹人最解宝，厥土善陶埏……"

史料记载表明，"大食"是宋元时期我国对西亚阿拉伯地区的称谓，并与之来往甚密。大约在12世纪前后，东罗马帝国先后流行的金属胎掐丝珐琅和錾胎珐琅工艺传入西亚地区，并盛极一时。

如斯布鲁克·裴狄南德拉姆美术馆收藏的"铜胎掐丝珐琅盘"，以红、黄、蓝、白、绿色珐琅釉，描绘亚历山大大帝驾驭天马升天的故事。

元代掐丝珐琅三环尊

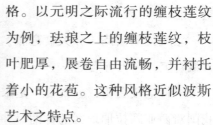

■ 元代掐丝珐琅鼎式炉

从作品上的铭文可知，该作品是12世纪前半叶两河流域东北地区的阿米德地方制造的，是典型的阿拉伯风格掐丝珐琅制品，也是研究"大食窑器皿"历史渊源的重要佐证。

13世纪，蒙古军队远征，横跨欧亚大陆。进攻大食国，每每攻下一城，往往保住工匠。成吉思汗重视工匠，并广设工场来发展手工业。

元朝统一全国后，随着对外交流的增多，阿拉伯地区流行的华丽的金属胎珐琅制品，在这种形势下，烧造"大食窑器"的阿拉伯工匠，也就随之来到我国。他们带来了烧造珐琅的技术和主要原料，在内府中协助我国工匠烧造了晶莹剔透的铜胎珐琅制品。

这些珐琅制品的造型和图案风格，多按我国传统的艺术形式制造，同时又带有比较浓厚的阿拉伯风格。以元明之际流行的缠枝莲纹为例，珐琅之上的缠枝莲纹，枝叶肥厚，展卷自由流畅，并衬托着小的花苞。这种风格近似波斯艺术之特点。

这时，主要是以生产錾胎珐琅和锤胎珐琅为主。

錾是一种金属装饰工艺，多用于金器和银器的装饰。将这种工艺用于珐琅制作，更丰富了珐琅器的装饰。錾胎珐琅是在金属胎上按图案设计要求描绘纹样轮廓线，然后运用雕錾技术在轮廓线以外的空白处进行雕錾减地，这样使纹样轮廓凸起。再在地子上点蓝焙烧，经过磨光镀金而成。錾胎珐琅的特点是使主题纹饰更加突出。

锤也是金属的装饰方法，是从背面锤出起线、纹饰、图案，然后将凸出部分施珐琅釉料，下凹部分镀金。锤胎珐琅的特点是用珐琅釉料的颜色来突出主题纹饰。

元朝典型的珐琅蓝色花瓶，整体造型很是规整，色调也并不显鲜艳，很是典雅，还有些许保留着蒙古族牧民特有生活用品的气息。

如元代掐丝珐琅缠枝莲纹龙耳瓶，高36.8厘米，口径10.7厘米，足径12.9厘米，瓶通体以蓝釉为地，饰掐丝花卉纹。颈部为绿釉蕉叶茶花纹，颈下凸起莲瓣一周。此瓶珐琅釉色丰富，透明度强，尤其是晶莹的绿釉宛如翠玉。

细观瓶体，花卉纹结构颇显异常，颈下部加套凸起的一周莲瓣纹装饰，其釉色同整体晶莹亮泽的釉料有别，颈部两侧嵌饰的镀金飞龙双耳既可遮掩拼接的痕迹，又使整器光辉夺目。

据历史记载，蒙古人合赞在元成宗时期册封为伊儿汗国中统治波斯一带的呼罗珊汗，合赞除精通其

缠枝莲纹 又称为串枝莲，穿枝莲，是一种中国传统文化中的植物纹样。缠枝莲以莲花为主体，以蔓草缠绕成图案。缠枝莲纹广泛应用在建筑、纺织、石雕、木雕、珐琅器、瓷器上。

珐琅精工

珐琅器与文化之特色

■ 掐丝珐琅印盒

莲瓣纹 莲花为我国传统的花卉，古名芙蕖或芙蓉，从春秋战国时就曾用作饰纹。自佛教传入我国，便以莲花作为佛教标志，代表"净土"，象征"纯洁"，寓意"吉祥"。莲花因此在佛教艺术中成了主要装饰题材，在石刻、陶瓷、珐琅器和彩绘上随处可见。

蒙古母语之外，也略悉阿拉伯、波斯、印度、中国、富浪等国语文。凡百工技艺，皆亲手为之，制品尤较工匠为佳，又习知化学及一切较难艺术，如制作珐琅、解化滑石、熔解水晶及凝缩、升华之术。

在此不但可知，珐琅工艺在13世纪后期仍然属"较难之艺术"，同时由高居可汗之尊的合赞也研习珐琅制作技艺的事实，凸显此项技艺已获重视。

当时的掐丝珐琅器可能尽为皇家服务的，由于烧造技术的不成熟，故生产规模并不大，产品并不多。从仅存的几件元代掐丝珐琅器来看，我国工匠在学习、掌握烧造珐琅技术后，为符合当时的审美趣味，生产出了具有民族风格的制品，但装饰品方式仍保留着一些阿拉伯的艺术韵味。

掐丝珐琅顾名思义，是在金、铜胎上以金丝或铜丝掐出图案，填上各种颜色的珐琅之后经焙烧、研磨、镀金等多道工序而成。

而关于珐琅器的取名，最初则被叫作"奇宝烧"，这里还有一个传说：

在元朝初年，当时北京城里已经建了皇宫。突然有一天夜里，皇宫里起了一场大火，把摆满奇珍异宝

■ 珐琅彩粉盒

的金銮殿都给烧成了一片灰烬。

于是龙颜震怒，宫女、太监就成了皇帝的出气筒，有的挨棍棒，有的进牢门。过了好久，皇上才撒够了气儿，就吆喝来一帮宫女、太监，给他从灰烬中过筛过箩地清点大火余烬中的宝贝。他站在旁边亲自监督。

■ 元代画珐琅蓝釉瓶

忽然，有个太监捧来了一只很特别的瓶子，接着又有一个太监捧来一个小罐儿。皇上一见到这两样东西，紧锁的双眉一下子便舒展开了。咦！这是什么宝贝？怎么从来都没有见过呀！

皇帝询问了左右近身的几个侍臣，也都连连摇头。只见这瓶子和小罐儿，色彩斑斓，晶莹闪耀。皇帝爱不释手，当即传下一道圣旨，调集京城能工巧匠，限期三个月仿

■ 元代浅蓝珐琅釉
三足炉

造成这样的瓶与罐，如若不然，决不轻饶。

皇帝的圣旨一下，这下子可忙坏京城里九九八十一家手工艺作坊的工匠们了。大伙儿围着两件奇宝翻来转去看了半天，只见这瓶罐上是用金银作胎，胎外裹着一层瓷釉，瓷釉间又有金丝缠绕。这样精美的宝贝是怎样制作出来的呀？！大伙儿琢磨来琢磨去，怎么也琢磨不出个所以然来。

满京城里边的工匠们可真犯难了，只好各自盘算各自的主意，有的用铜或铁围成圆圈，抠胎形；有的在胎形上一圈又一圈地绕金银丝；可是甭管怎么鼓捣，那胎形和金银丝就是不能粘连在一起。至于那绚丽的彩釉是怎么烧结的，更是摸不出个门道。

日子一天天过去了，急得大伙浑身出汗，眼冒金星，心里憋闷透了。

一天，正当有位老工匠双眉紧锁，两眼紧盯着瓶罐琢磨时，忽然，那瓶罐放射出五彩的光环，旋转起来，越旋转越快。

猛然间，光环中现出一个头戴珠翠、身披彩衫、脚踏祥云的美丽仙女。她抑扬顿挫地说道："宝瓶如花放光彩，全凭巧手把花栽，不得白急花不开，不经八卦蝶难来，不受水浸石磨苦，哪能留得春常在。"

老工匠听了那仙女的话，一时弄不明白是什么意思，想问问，却张不开口，说不出声来。眼看着那仙女一闪身就溶进光环中不见了。

老工匠心急如焚，迈腿就追，只听见"哗啦"一声，把身边的瓶罐撞倒，把他吓出一身冷汗，睁开蒙眬的双眼，原来刚才做了一个梦。

这梦做得可真蹊跷，他赶忙把身边的几个工匠喊来，把梦中遇到的事讲给大伙儿听。大伙儿听了都觉得挺奇怪，于是，你一言我一语地议论开了。

这个说："那头两句说的，是夸这瓶罐好呗！可后几句是什么意思呀？"

一个机灵的小伙子抢着说："仙女说的'不得白急花不开'，这话很明显，是让咱们得有'白急'，这'白急'是什么呀？"

祥云 从周代中晚期开始，逐渐在楚地形成以云纹特别是动物和云纹结合的变体云纹为主的装饰风格。这股风气到秦汉时已是弥漫全国，达到了极盛。云气神奇美妙，发人遐想，其自然形态的变幻有超凡的魅力，云天相隔，令人奇思无限。所以，在古人看来，云是吉祥和高升的象征，是圣天的造物。

015

珐琅源流

唐元时期

■ 珐琅盖盒

■ 元代珐琅带饰

老君 我国道教对老子的神化称呼，又称"太上老君"。多种道教经典对老子有各种神化说法，大致说老子以"道"为身，无形无名，生于天地之先，住于太清仙境，长存不灭，常分身化形降生人间，为历代帝王之师，伏羲时为郁华子，神农时为大成子，祝融时为广成子。

一听这话，老工匠恍然大悟："噢，是不是指中草药'白芨'呀！"

"对，准是。您想，白芨用水一泡，跟黏胶似的，过去，我们就用它来粘东西。咱们干吗不用它来粘接胎上的金丝？不妨试试看。"

另一老工匠说："还有'不经八卦蝶难来'，这又是怎么个意思呢？"

"这句的意思是不是说，那宝瓶上的五颜六色釉彩，如彩蝶纷飞，"一个中年工匠若有所思地说，"莫不是像李老君用八卦炉炼仙丹的办法炼出彩釉，再烧结到金丝上的呀！"

"哎呀！那梦中仙女，别不是炼石补天的女娲娘娘，显灵指点咱们，叫咱们搭起八卦炉熔炼石头。"

又是那个机灵的青年工匠抢着说。"嗯，嗯，是有点儿意思。"

老工匠手捋着胡须，连连点头："你们想啊，皇宫那把大火，不就是把金銮宝殿里收藏的各种宝石金银都烧熔在一起的吗？这珍奇的宝贝瓶罐兴许就是这么烧出来的呢！"

"还有，那水浸石磨，不用说就是嘱咐咱们烧结之后，还得像琢玉一样，把那瓶罐经过磨砺才会大放光彩呀！"

就这样，工匠们紧张地搭起了八卦炉，捡来石头和金银铜铁锡的粉末放进去。经过七七四十九个时辰的冶炼，果真熔炼出来了晶莹的七彩釉色。那白芨把丝和胎牢牢地粘接在一起。宝瓶终于制作出来了！

从这以后，凭着工匠们的灵心巧手，北京开始有了前所未见的珐琅彩釉金银丝瓶。但是，在那时候，不管制作多少，全归皇宫所有，所以人们就管它叫"宫廷艺术"。因为这种珍品是皇宫里一场大火烧出

八卦 源于我国古代对宇宙的生成、日月的地球的自转关系，以及农业社会和人生哲学互相结合的观念。最原始的资料来源于西周的《易经》，内容有六十四卦。八卦相传是伏羲所造，后来用于占卜。八卦代表了我国早期的哲学思想，除了占卜、风水之外，影响涉及中医、武术、音乐等方面。

017

珐琅源流

唐元时期

■ 元代珐琅饰品

凤耳 是瓷器耳的式样之一，即器物的耳做成凤形。此式样最早见于宋代龙泉窑青瓷瓶上，其造型为盘口，细长颈，折肩，直腹。颈部置对称的双凤耳。清代景德镇窑瓷器上亦有所见。典型器如康熙茄皮紫釉凤耳蒜头口瓶、乾隆豆青釉青花凤耳瓶等。凤是古代传说中的鸟王。

来的，有些人就管它叫作"奇宝烧"。

"奇宝烧"其实是"七宝烧"工艺的谐传。七宝烧是一种古老的传统工艺，以金属为胎，外表施以石英为主体的各色釉料，再经烧制而成。七宝烧胎体轻薄，珐琅釉料细腻，光泽清亮，颜色艳丽，是珐琅器工艺种类中优秀的品种。

从造型上看，元代珐琅器的造型风格与同时代瓷器造型风格相同。如元代掐丝珐琅凤耳三环尊，器身中间的主体部分为元代掐丝珐琅罐，器物的口、颈、耳、环、足均为后配。

这种组配现象，在元、明两代器物上表现较多。尤其是元代器物，各部位原配的器物较少，基本上都出于后代风俗的要求而装配上其他零件。

如掐丝珐琅凤耳三环尊，高71厘米，口径36.3厘米，底径23.1厘米，尊为后改器，由颈、腹、足3部分组成，颈两侧有掐丝珐琅镀金双兽耳，肩部凸起三兽首衔珐琅环，下承三铜镀金翼兽足。

此尊通体施浅蓝色珐琅釉为地，饰掐丝珐琅花卉纹。腹部依次以紫、白、黄、红、白、黄色6朵缠枝莲大花构成的主题图案，颈、口沿与肩部分饰缠枝莲和垂云纹，颈下与足上部均饰葡萄纹和蕉叶纹各一周。圈足内正

■ 元代掐丝凤耳三环尊

中凸起镀金双龙，环抱阳文"大明景泰年制"楷书3行款为后世补刻。

此尊腹部、颈部及底足处釉色明显不同。腹部釉色鲜艳明快，尤其是墨绿色及紫色晶莹亮泽，为明以后各朝所不见。而颈部及足部的釉色灰暗干涩，且装饰图案的风格也与腹部不同。由此可断定，此尊是在元代珐琅罐的基础上后配颈、耳、环、足等改制而成，底款亦为后刻。

元代珐琅器在制作工艺上是单线掐丝，即只以一条铜线表现图案的轮廓，不像以后的双线掐丝。

元代珐琅器器形端庄大方，构图舒朗流畅，釉色明艳温润，具有宝石般的半透明光泽。唯原配珐琅器较少，大部分被后人改装过，存量稀少，弥足珍贵。

在纹饰题材的表现上，元代器物具有当时时代风格特点。如缠枝莲的图案、花卉的叶子、花蕊、扁菊花、器物主体肩部的垂云装饰等，都与元代瓷器上的绘画风格相一致。

在有的颜色上，元代珐琅器也有着自己的特点。如紫色和墨绿色是透明色，这是由于原料进口的缘故。这两种颜色在清代的珐琅器上是不透明的，正是这一点，明显地显示出同一器物上各部位的不同制作年代。

■ 元代珐琅饰品

蕉叶纹　古代瓷器、青铜器常见纹饰，以芭蕉叶组成带状纹饰，特指以蕉叶图样作二方连续展开形成的装饰性图案。芭蕉直立高大，体态粗犷潇洒，但蕉叶却碧翠似绢，玲珑入画，兼有北人之粗豪和南人之精细，芭蕉冬死又复生，一年一枯荣，有的民族把它看成起死回生的象征。

元代的黄色为杏黄色，红色像鸡血一样浓艳，白色纯净鲜明洁白，蓝色湛蓝，器物中还使用了藕荷色，这种颜色在以后不再使用。

珐琅器的颜色特征与当时使用的釉料有关，元代珐琅器与后世珐琅器相比差别较大，据此鉴别组合器各部位的年代也比较明朗。

另外，元代珐琅器的花丝比较粗，是因为掐丝用的铜片厚；釉面出现较多的孔洞，是工艺制作上填料不实造成的缺陷，也成为鉴别元代掐丝珐琅的要点。

同时，元代珐琅器与元代瓷器一样，不写款识。

如掐丝珐琅缠枝莲纹碗、掐丝珐琅花果纹盘的釉色，就具有明显的元代珐琅的特征。

元掐丝珐琅缠枝莲纹碗为两只一对，均口径13.5厘米，底径7厘米，高11厘米。此对碗，造型古朴，色浆自然。制胎、掐丝、烧焊、点蓝、磨光、镀金每道工序皆制作得精益求精，一丝不苟，具有很高的欣赏价值。

元代掐丝珐琅器的图案装饰多以盛开的缠枝莲为主题纹饰，其特点是缠枝莲花朵舒展饱满，枝叶肥厚，并衬以

■ 元代掐丝珐琅花果纹碗

小花苞。图案布局疏朗，掐丝线条奔放有力。

珐琅质地细腻洁净，釉面光亮，有水晶般的透明感，尤其是葡萄紫、草绿、绛黄等几种颜色更为耀眼夺目，似用进口珐琅釉料烧造。

如元代掐丝珐琅缠枝莲纹鼎式炉，通高28.4厘米，口径17.1厘米。炉为圆形，双冲耳，鼓腹，三圆柱形足，造型似青铜鼎，朴实庄重，炉内置铜镀金胆。炉腹上部以一道镀金弦纹线将炉体图案界为两部分，线上部以绿色珐琅为地，饰白色菊花纹12朵；线下部以蓝色珐琅为地，饰缠枝莲花纹6朵。三足均以蓝色珐琅为地，饰彩色菊花纹。此炉是元代掐丝珐琅器的代表作。

因为元后明代时期的掐丝珐琅非常的受推崇，所以也经常会将元代的景泰蓝作品进行修整。

如元代掐丝珐琅缠枝莲纹象耳炉，制作于元朝，炉通高13.9厘米，口径16厘米，足径13.5厘米。炉为铜胎，圆形，并且是鼓腹，象首卷鼻耳，圈足。

象耳 瓷器耳的式样之一。即将器物的耳作成象头，象鼻做成环形弯曲，尖端粘附于器壁，有的还于象鼻上套有圆环。最早见于元代景德镇窑制品上。明、清景德镇窑瓷器上亦多有所见，如正德青花象耳香炉，嘉靖蓝釉象耳瓶、蓝釉地金彩象耳方瓶，万历青花象耳瓶，乾隆釉里红象耳瓶，嘉庆青花象耳尊等。

■ 元代掐丝珐琅石榴纹盘

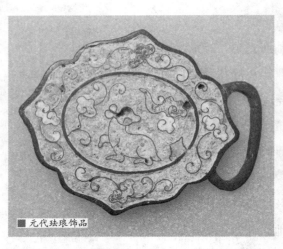
■ 元代珐琅饰品

炉颈部是施加的浅蓝釉地，并装饰有黄、白、红、紫四个颜色的菊花共有12朵。腹部宝蓝釉地，装饰红、白、黄三色掐丝珐琅缠枝莲花6朵。其下饰莲瓣纹一周。

这件元代掐丝珐琅器釉质莹润，有的部分釉质呈玻璃般的透明状，珐琅色泽浑厚谐调，富丽典雅，是一件高水平的元代掐丝珐琅作品，而景泰蓝铜胆、象耳和圈足为后配。

珐琅精工

珐琅器与文化之特色

阅读链接

我国金属胎起线珐琅工艺制品，是在吸收外来文化的基础上发展起来的。由于我国金属铸造和焊接技术、金属丝的切削和镶嵌技术，以及琉璃釉的烧造技术等方面，不仅历史悠久，而且成就辉煌，所以，当金属胎起线珐琅烧造技术传入之后，很快就熟练地掌握了其制造方法。

"它山之石，可以攻玉"，这个我国传统的哲理，几乎可以运用于社会生活的各个方面。元代的珐琅制品由于采用了阿拉伯的釉料，才呈现出特殊的光泽。

正是由于这些诸多有利的因素，才使得金属胎起线珐琅工艺迅速完成了民族化的过程，成为具有中华民族传统风格的工艺美术门类之一，放射出耀眼的光彩。

明代时期

到了明朝代宗朱祁钰时候，他特别喜欢这种工艺品，因此传旨大量制作，工艺水平提高很快。

由于当时正是景泰年间，产品又大多以孔雀蓝色为主，所以人们就把这种工艺品叫作景泰蓝。这个称呼后来就一直传下来了。

明朝景泰蓝是珐琅器的一个巅峰时期，明朝景泰蓝的特点：色泽暗而凝重，器物表面布满了砂眼。原因就是因为釉料中的调和剂黏度不够，在景泰蓝的制作过程中经过高热处理时产生了爆釉而形成的。

朴实庄重的明早期珐琅器

明代掐丝珐琅玉壶春瓶

虽然明初掐丝珐琅工艺已逐渐被朝廷重视，但是真正引起文人注意与仕宦商贾珍藏，已经是明代晚期的事了。因此，真正早期的器物传世不多，工艺技法也不是十分成熟。

明代珐琅器有掐丝和錾胎两种。据记载，最早珐琅器多为宫廷妇女赏玩，以后受到皇家重视才逐渐登上大雅之堂，因此珐琅器的制作早年，也只是由皇宫御用监负责管理烧造。

明朝初年的北京掐丝珐琅制品有香炉、花瓶、盒、盏之类，仅供妇人闺阁中用，在文人心目中不够高雅，不能充作文房赏玩。

这时，云南掐丝珐琅工匠善制盏杯，在京贩卖；而明内廷的御用监担负着皇家掐丝珐琅器的烧造。此期掐丝珐琅的色彩和装饰尚与元代接近而略有变化。有一种珐琅器变得淡雅，透明度减弱，显示了这50年间出现的变化。

如这件明初期的掐丝珐琅花卉纹玉壶春瓶，花瓶高27.1厘米，上口径7.4厘米，底足径9厘米。该玉壶春瓶器形端庄优美，釉色明艳，表面打磨细腻光亮，小朵花饰星罗棋布，繁而不乱，堪称明初御用监所造掐丝珐琅的精品。瓶肩部的兽耳和口、足均为后配，款识亦为后刻。

■ 明代掐丝珐琅缠枝莲镀金龙耳瓶

还有一件元末明初掐丝珐琅缠枝莲纹冲耳炉，高9.5厘米，口径12厘米，足径10厘米，折边口，扁圆腹，双冲耳。附有紫檀木炉座及盖，盖钮为珊瑚雕玉兰花，系清代所配。

此炉通体，施天蓝珐琅釉为地，口沿饰红、绿、白、黄各色如意云纹；腹部饰红、白、黄及青点石色缠枝莲6朵；炉底部饰红、白两色菊花纹，正中一朵稍大为白色，尤为醒目。

明早期的洪武、永乐没有署款的标准器，但在实物中确有一些珐琅器具有早于宣德而又不同于元代的特点风格，如掐丝珐琅缠枝莲纹贯耳瓶、掐丝珐琅缠枝莲纹簋式炉等。

掐丝珐琅缠枝莲纹簋式炉，高9.7厘米，口径15厘

■ 明代掐丝珐琅鱼耳炉

■ 明代掐丝珐琅龙纹长方炉

米，足径12.3厘米。炉敞口，铜镀金龙首吞彩色云纹双耳，垂腹，圈足。

炉身通体以蓝色珐琅为地，掐丝填红、黄、蓝、白等色珐琅的缠枝莲纹计2层，呈"〰"形上下相间排列，足上以彩色莲瓣纹为衬。

足底镀金光素。此炉胎壁厚重，造型规整，珐琅颜色纯正，色泽蕴亮，有宝石般光泽，器形仿自青铜器"簋"的形制，"簋"原是商周时期的盛食器，后世作为香炉之用。

宣德年间，宫廷掐丝珐琅工艺相当发达，此时的珐琅有浅蓝、宝蓝、大红、墨绿、娇黄、砗磲白等色，浓郁醇厚，呈现出和田玉的温润光泽。

最典型的一件是掐丝珐琅云龙纹盖罐，御用监造，精工细作，体积丰硕，器身上奔戏宝珠的行龙，大有呼风唤雨之势，宛然如生，堪称明代掐丝珐琅的重器。

宣德掐丝珐琅云龙纹盖罐为圆形，通高62厘米。腹下部饰蕉一周，其上做云龙纹，二龙蜿蜒于云朵之间，健壮而又凶猛。盖上亦饰云龙纹。

颈部有镀金"大宝宣德年制"和"御用监造"双款，其足底亦阴刻有相同的款文，这种做法在珐琅器

卷云纹 是古代器物纹饰之一。起源于战国时期，至秦时得到进一步发展，汉、魏时期流行的装饰花纹之一。通过粗细、疏密、黑白和虚实等对比手法，组成各种卷云纹。由卷曲线条组成对称的图案，大都作为瓦当或金银珐琅器物上的边饰。云纹寓意高升和如意。

中是绝无仅有的。此罐之大，在明代也是第一。由此可见宣德朝在珐琅器制造上，确有过人之举。

该大罐铜胎质地厚实，包浆古旧，造型敦实古拙，丰肩收腹，配有圆钮卷沿圆盖。色调浓郁且对比强烈，具有明早期掐丝珐琅的典型特点。

以宝蓝色珐琅为底，上面有珐琅彩极少使用的紫黑色，通身满布黄、绿、蓝、白、赭、红各色交映的卷云纹，龙身为大面积的黄彩，呈轮状五爪张弛有力，红焰绿发，须发前冲，体现标准明代龙形。

掐丝珐琅缠枝莲纹出戟觚也是明代宣德珐琅器中的精品。它高28.4厘米，上口径16.4厘米，足径9.6厘米，此件花觚端庄大方，釉色鲜明，镀金厚重。只是出戟和底足是后世装配的。

宣德时期的掐丝珐琅器，整体看上去图案纹饰比较活，做花丝用的铜片薄了一些，这使得掐丝较前朝

027

掐丝珐琅

明代时期

云龙纹 是龙纹的一种，因其构图上是以龙和云组成的纹饰，故名。龙为主纹，云为辅纹，龙或作驾云疾驰状，或在云间舞动。始见于唐宋瓷器上，如晚唐五代越窑秘色瓷瓶上的云龙纹、宋定窑印花盘上在祥云间蟠曲舞动的龙纹等。元、明、清珐琅器、瓷器上云龙纹更为多见。

■ 缠枝莲纹篮式炉

的细，弯曲回折不拘一格。除具有本朝瓷器造型的风格外，釉料的颜色也有特性。

这时的颜色，红、白、蓝色与前朝区别不大，但黄色不如前朝鲜艳而变得发灰暗一些了。器物上的纹饰与边饰，与本朝瓷器的画法一样，具有宣德时期的一般特征。

如明代掐丝珐琅缠枝花卉纹盏托，是明朝宣德年间宫内御用监制造的，这件盏托釉色丰富，色彩纯正，缠枝四季花卉等纹饰掐丝活泼流畅，繁密而有章法。此件掐丝珐琅缠枝花卉纹盏托高1.3厘米，口径19.2厘米，足径15厘米，盏托呈圆盘式，折边口，盘中心凸起盏槽。底足中心阴刻楷书"大明宣德年制"6字款。

此盏托以浅蓝色珐琅釉为地，盏槽内饰盛开的莲花一朵，周围以绿叶相衬。盏槽外饰珐琅彩莲花、菊花等花卉纹5组。折沿上装饰着红、黄、蓝、白8只蟠螭纹，其间用菊花纹填充，外壁光素。

此盏托继承了元代掐丝珐琅的风格特点，以蓝色珐琅釉做地色，单线勾勒花叶枝蔓，花朵饱满肥硕，图案布局规范，讲究对称。珐琅釉

珐琅精工

珐琅器与文化之特色

■ 掐丝珐琅缠枝莲纹出戟觚

■ 明代掐丝珐琅鱼藻纹高足碗

色纯正，表面温润光泽，气泡较少。此花卉纹盏托胎体厚重，色彩纯正，为宣德时期掐丝珐琅的上乘之作。

明代早期珐琅器的特点主要表现在：

番莲及莲瓣等图案式纹饰，为当时最主要的装饰纹样。而且番莲花瓣丰满而瓣尖短，花心形状并不固定但花瓣紧包。叶片具形，形状与大小不规则；用单根掐丝表达枝与卷须，与清朝的双钩方式不同。

如明宣德铜胎掐丝珐琅缠枝莲纹碗，高13.9厘米，口径29.7厘米，足径13厘米。碗直口，收腹，圈足。内壁通施蓝色珐琅釉为地，在朵朵祥云和杂宝纹之中掐饰双龙追火球纹。

外壁一周施白色珐琅釉为地，以S形串联起的6朵红、黄、墨绿色缠枝莲花，布局规矩对称，纹饰绚美富丽。足内饰彩釉菊花纹，中心处有红釉"宣德年造"篆书4字款。

明代宣德款掐丝珐琅器，是我国古代掐丝珐琅器最早有纪年款识的制品。宣德款的掐丝珐琅器胎体厚重，器物成型规整。明早期落款方式自右至左一列横排楷书款最为可靠。

宣德时期，金属胎起线珐琅制品，有年款者分两种类型：

■ 明代掐丝珐琅杯托

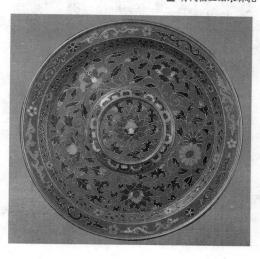

篆书 大篆、小篆的统称。大篆指甲骨文、金文、籀文、六国文字，它们保存着古代象形文字的明显特点。小篆也称"秦篆"，是秦国的通用文字，大篆的简化字体，其特点是形体匀遍齐整、字体较籀文容易书写。在汉文字发展史上，它是大篆由隶、楷之间的过渡。

一种在器物的某个部位用珐琅釉烧成款识，款识内的釉色同整体器物的釉色浑然一体。这种款识是造器时，已包括于总体设计之中，属于原款。这类用釉烧成的年款，多置于器物的底部和肩部。

另一种年款则是在铜胎上铸或錾刻出来的，多置于器物底部。宣德时期款的形式有"宣德年制"4字款、"大明宣德年制"6字款和"大明宣德御用监造"8字款。也有"宣德"2字款者，但很少见。字体以楷书居多，兼有隶书和篆书体。

宣德款识的处理方式有：阴线双勾、单线刻画、錾刻阳文和铸款。这些宣德年款的作品，是铜胎珐琅器中有时代标志的最早制品，为识别宣德时代金属胎起线珐琅的风格特点提供了重要依据。

■ 明代掐丝珐琅双陆棋盘

如宣德铜胎掐丝珐琅缠枝莲纹大盌，外壁是施以白色釉为地，用双线勾勒缠枝莲的枝干，串联起数朵彩色釉硕大花朵，颇显富丽。盌内壁是以浅蓝釉为地，饰彩釉龙戏珠纹。底足内为浅蓝釉地，饰彩釉缠枝菊花纹，中心处施红釉篆书"宣德年造"4字款。

在明代早期的珐琅制品中，采用浅色釉为地和双线勾勒花卉枝干的技法都是少

见的，年款字体的处理亦不甚清晰，特别是盘内的龙纹图案不似其他宣德时代器那样典型。

宣德款掐丝珐琅的器形与同时期的瓷器、漆器、铜器相似，有罐、碗、盘、盒、花觚、炉、双陆盘等；纹饰以勾莲花为主，并出现了龙、凤、狮及四季花卉图案。

这件掐丝珐琅缠枝莲纹直颈瓶即是明朝宣德年间的器物，高22厘米，口径2.9厘米，足径9厘米，全瓶铺的大蓝底色，纹饰仍旧是缠枝莲纹，花色以大黄、大红为主。

此掐丝珐琅缠枝莲纹直颈瓶造型秀丽，纹饰活泼，色彩纯正。瓶底也是镀金的，并且阴刻双线"宣德年制"楷书款。

而有件掐丝珐琅缠枝莲纹龙耳炉的掐丝与釉色也为典型的宣德风格。掐丝珐琅缠枝莲纹龙耳炉，口径14.7厘米，底径12.2厘米，高9.6厘米。在金、铜胎上

双陆 古代博戏用具。是一种棋盘游戏，棋子的移动以掷色子的点数决定，首位把所有棋子移离棋盘的玩者可获得胜利。在游戏中，每位玩者尽力把棋子移动及移离棋盘。虽然游戏有很大的运气成分，游戏的策略仍然十分重要。每次掷色子，玩者都要从多种选择中选出最佳的走法。

明掐丝珐琅云龙纹盖罐

以金丝或铜丝掐出图案，填上各种颜色的珐琅后经焙烧、研磨、镀金等工序，它有着五彩斑斓、华丽夺目的魅力。此炉呈圆形，两侧附龙首耳。

该炉虽没有款识，但其胎体厚重、器物成型规整、番莲纹饰布局疏朗、掐丝活泼豪放、釉色纯正、釉质细腻等特征，与宣德珐琅器特点一致，为宣德时期掐丝珐琅的典型器物。

明代早期珐琅器纹饰的叶片内常填两三种色釉，但釉料没有混杂使用，釉层较后期的厚。其品种、器型多为《格古要论》中所载的"香炉、盒儿、盏子、花瓶之类"，大多器型小、胎体由铸造成型，且较后期的厚重。当时的掐丝珐琅器一般没有锦地，掐丝粗细不匀，掐丝末端多以叠接隐藏的方式处理。

如明掐丝珐琅兽耳瓶高 29.5 厘米，口径13.2厘米，铜胎，束颈，双兽环耳，鼓腹，圈足。外体饰掐丝珐琅缠枝莲纹，口内有蓝珐琅釉书写一楷书"王"字。釉厚体重，造型端庄稳重。

明初，珐琅常与高度发展中的明代家具相结合，产生极强的配合艺术。如红漆嵌珐琅面梅花式香几，通高88厘米，面径38.5厘米。

香几通体髹红漆，几面为五瓣梅花式，中心打槽，嵌珐琅面心。高束腰上植以5根短柱，分5段嵌装绦环板，绦环板上开长方形委角透光，束腰下有托腮。壶门式牙子，5条腿为三弯腿式，腿子中下部起云纹翅，足端做成如意头并雕饰向上翻卷的卷草纹。

足下踩圆珠，落在台座上，台座面下亦有束腰，开长方形透光，

珐琅精工

珐琅器与文化之特色

其样式与香几上部呼应，体现了明式家具的风格特点。

再如明宣德掐丝珐琅狮纹双陆棋盘，御用监制造，此器造型规整，纹饰新颖，尤其是盘内锦地上的七狮对舞戏球纹样生动活泼，此种罕见于明早期的珐琅纹样，显示出珐琅工艺的新发展。

此棋盘胎体厚重，造型规矩，装饰精美，为明代御用监所造之重器。这种盘传世仅此一件。

此掐丝珐琅狮纹双陆棋盘为长方形，通高15.7厘米，长53.3厘米，宽33厘米。四壁直立，束腰，下承六足带托底座。盘内底沿四边有镀金长方框，两长边上各有12个小圆点，内嵌螺钿，是为棋位。

框内卐字锦地上饰七狮戏球纹。盘内壁饰缠枝花，外壁共10开光，开光内宝蓝地上饰各种花果。盘座饰缠枝花。

据说开光这个词最初是从古代建筑窗户的某种形

如意 又称"握君""执友"或"谈柄"，由古代的笏和痒痒挠演变而来，多呈S形，类似于北斗七星的形状。明清两代，如意发展到鼎盛时期，因其珍贵的材质和精巧的工艺而广为流行，以灵芝造型为主的如意更被赋予了吉祥驱邪的涵义，成为承载祈福禳安等美好愿望的贵重礼品。

■ 明代掐丝珐琅龙凤耳炉

状演变而来。开光的目的是使器物上装饰变化多样，或为了专门突出图画中的某一形象，往往在器物的某一位置留出如扇形、菱形、心形等某一形状的空间然后在该空间里装饰花纹，称为"开光"。

后来，开光是指佛像落成后，择日致礼而供奉之，谓之开光。亦为开眼，或为开眼供养。《佛说一切如来安像三昧仪轨经》道："复为佛像，开眼之光明，如点眼相似，即诵开眼光真言二道。"

而随着工艺品的不断发展，在工艺手法中的"开光"则是装饰的方法之一。开光这种手法常见于珐琅器、雕漆、陶器等器皿上的图纹装饰。

这几例铜胎掐线珐琅制品展现出宣德时期珐琅工艺的基本特征：

首先，多以浅蓝釉为地色，亦有少量用白色釉为地者，其上由宝石蓝、鸡血红、车磲白、墨绿、草绿、绛紫、娇黄等多彩釉色组成缠枝花卉和云龙戏珠图案，釉色纯正稳重，釉面蕴亮，但有砂眼。

其次，习惯用缠枝莲作为主体装饰图案，缠枝莲的枝干多用单线勾勒，以"〰"形的弯曲转折串联起不同色彩的盛开的花朵。花头硕

■ 明代掐丝珐琅缠枝莲炉

大，在肥厚的多层花瓣衬托下，中心处形成类似桃形的花蕊。

这种缠枝图案的组成，似乎已成为定式，变化不大。也有以单线勾勒枝叶连缀多朵小花者，颇显新颖活泼。亦有用双线勾勒花卉的作品，但流行不甚普遍。

同时，掐丝的粗细，略显不匀，勾勒出来的花纹图案轮廓线衔接处不甚紧密，往往露出掐丝衔接的痕迹，铜胎的制造比较厚重，给人以自然朴实的美感。

依据这些基本特征，对没有时代款识，而艺术风格相似的作品，当可确定为宣德时期。

铜胎珐琅缠枝莲双耳炉、掐丝珐琅蕃莲纹出戟觚等作品，胎体厚重，釉色纯正稳重，以单线勾勒花卉枝干，花朵硕大，自身虽然没有制造的年代款识，但其艺术风格及釉色特点，均具宣德时期珐琅制品的特征。

阅读链接

景泰蓝，它不仅是明朝景泰年间这个狭义的名称。而是演化成一种具有我国民族传统的艺术品名称，掐丝珐琅在整个珐琅艺术领域已成为景泰蓝的代称或专称，同样它在起着对掐丝珐琅这一珐琅分支系统的规范作用。

也就是说，凡是按照掐、点、烧、磨。制作出来的掐丝珐琅艺术品都应称为景泰蓝。这里面的时空观念已完全脱开"景泰朝时期"，而是景泰蓝艺术由启蒙期到成熟繁盛期的整个发展过程，在这个过程中的每个时期的掐丝珐琅制品都应称为景泰蓝。

日趋繁缛的明中期珐琅器

到了15世纪以后的明朝中叶，掐丝珐琅工艺取得极大发展，不仅造型、品种、釉色都显著增多，而且工艺技巧也明显进步。

传说当时京城第一名匠"巧手李"，自己说他是女娲后人，因其善做奇巧工艺，才被人们誉为"巧手李"。不久，"巧手李"称女娲娘娘身披霞衣、脚踏祥云给其托梦，"巧手李"参透此梦，遂聚集众工匠，用白芨把一件金丝瓶胎牢牢地粘接在一起，又用炼制女娲补天石的技艺在八卦炉里炼制金银铜铁铝与众多宝石，终得到晶莹七彩釉。后将七彩神釉涂在金丝胎上再次烧制，出炉经水浸石磨，终于打造成了宝瓶。

明代中期，到了明

■景泰蓝花卉钵

■ 掐丝珐琅花盆

朝代宗朱祁钰时候，他特别喜欢这种工艺品，传旨大量制作，工艺水平提高很快。珐琅器最典型的代表就是"景泰年制"的铜胎掐丝珐琅。

由于景泰年款的铜胎掐丝珐琅器，传世较多，产品又大多以孔雀蓝色为主，所以人们就把这种工艺品叫作景泰蓝。这个称呼后来就一直传下来了。故有"景泰蓝"之美誉。

而这种工艺，其实就是珐琅生产中的"烧蓝"技术。烧蓝是一种透明珐琅器。以银胎为主，俗称"银烧蓝"，少量铜胎。

先在银胎上用錾刻和锤打出浅浮雕纹饰，再罩一层透明或半透明的珐琅釉，烧成后显露出胎体上的粗细纹饰，与蓝色为主的釉上下辉映，精致美丽。银烧蓝器物多为小件胭脂盒、粉盒、头簪等。

孙承泽《天府广记》中记述：景泰御前的珐琅，可与永乐朝果园厂的剔红、宣德朝的铜炉、成化朝的

女娲 我国古代神话人物。她和伏羲同是中华民族的人文初祖。女娲是一位美丽的女神，身材像蛇一样苗条。女娲时代，随着人类的繁衍增多，社会开始动荡了。两个英雄人物，水神共工氏和火神祝融氏，在不周山大战，结果共工氏因为大败而怒撞不周山，引起女娲用五彩石补天等一系列轰轰烈烈的动人故事。

斗彩瓷器相媲美。似乎在景泰时期的珐琅制器，已发展到"黄金时代"。

北京是我国景泰蓝的发祥地，也是最为重要的产地。北京景泰蓝以典雅雄浑的造型、繁复的纹样、清丽庄重的色彩著称，给人以圆润坚实、细腻工整、金碧辉煌、繁花似锦的艺术感受，成为驰名世界的传统手工艺品。景泰蓝工艺的艺术特点可用形、纹、色、光4字来概括。

如明景泰铜胎掐丝珐琅三足香炉，高10厘米，直径10厘米。外底署"大明景泰年制"6字3行楷书铸款，炉身圆筒形，下承三兽足。狮首衔环耳。器腹用铜胎掐丝珐琅装饰缠枝莲，口沿一圈勾连云雷纹。该器形制规整典雅，铜材灿烂，珐琅工艺一丝不苟，色泽鲜亮。

此炉品相佳美，十分罕珍，从缠枝莲纹风格和填彩工艺，以及色泽的发色，可以表明它的年代早至元代晚到明代宣德，而景泰年间制作的珐琅器是利用早期遗存的珐琅器重新改制而成，其改制的功力，几乎看不出什么破绽，且造型更加美观，故被视为珐琅器的黄金时代。

■ 明掐丝珐琅葡萄纹螭耳鼓式炉

此件珐琅炉往往容易让人理解为香炉，其实这种形制的器物，作为蟋蟀罐使用的可能性更大，何况在明代宫廷，斗蟋蟀成为帝王热衷的一项娱乐，清代蒲松龄在其名篇《促织》中，开篇第一句话即说"宣德中，宫廷尚促织之戏"。

再如掐丝珐琅葡萄纹螭耳鼓式炉，此炉纹饰舒朗，色彩写实，在树枝的处理上运用了晕染手法，增加了艺术效果。炉的耳、足系后配，款识亦为后刻。

孙承译《天府广记》中载：后市"在玄武门外，每月逢四则开市，谓之内市。"交易奇珍异宝：

■ 明铜珐琅双耳三足炉

> 至内造如宣德之铜器、成化之瓷器，永乐果园厂之髹器、景泰御前作坊之珐琅，精巧远迈前古，四方好事者，亦于内市重价购之。

从这段记述中可知，景泰御前之珐琅器已成为"时玩"。

明中期珐琅器造型一般端庄古雅，纹饰繁缛丰富，有番莲、饕餮、蕉叶、龙凤、云鹤、菊花、山水、楼阁、人物等。借鉴锦、玉、瓷、漆等传统手

饕餮 饕餮是一种想象中的神秘怪兽。为一种图案化的兽面，这种怪兽没有身体，只有一个大头和一张大嘴，十分贪吃，见到什么吃什么，由于吃得太多，最后被撑死。它是贪欲的象征。是东海龙王的第五个儿子。饕餮纹也是我国古代常见纹饰。

■ 明珐琅八宝面盆

法，突出了勾边填色的图案程式。

珐琅颜色丰富，而且混合色种类多，有蓝、红、黄、绿、白、天蓝、宝蓝、鸡血红、葡萄紫、紫红、翠蓝等，釉色变化多而艳丽。

一件精美的景泰蓝器皿，首先要有良好的造型，这取决于制胎；还要有优美的装饰花纹，这决定于掐丝；华丽的色彩决定于蓝料的配制；辉煌的光泽完成于打磨和镀金。

所以，它是集美术、工艺、雕刻、镶嵌、玻璃熔炼、冶金等专业技术为一体，具有鲜明的民族风格和深刻文化内涵，是最具北京特色的传统手工艺品之一。

如一件精美的珐琅器称为掐丝珐琅狮戏球海马纹碗，它是明朝中

■ 明代掐丝珐琅双龙纹盘

期宫内御用监制作的，高10厘米，口径22.2厘米，足径9.1厘米，此狮戏球海马纹碗内外壁都是以动物为主题的纹饰，而且对动物的动作形态把握得比较准确，

是明中期烧制较为成功的一件掐丝珐琅器。

碗圆形，直口微撇，敛腹，圈足。足内镀金，足外缘阴刻楷书"景泰年制"4字款。碗的内外口沿处均饰锦纹。内壁下部饰绿色海浪，上有黄、白、红、深蓝、浅黄、墨绿色海马各一只。外壁以浅蓝色珐琅釉为地，饰六只不同颜色的狮子，舞红色飘带作戏球状。

明朝中期珐琅器的特点，还表现在番莲的花瓣增多、趋瘦且尖端成钩状，花心下方的花瓣松垂、并于上下出现云头纹或五瓣花形装饰，叶片变小并简化、或成逗点状。

掐丝的末端卷成一小圆圈。明中期以后，掐丝珐琅器的图案装饰日趋丰富多样。缠枝莲花纹虽仍是主要装饰，但各种各样的瑞兽纹样也普遍出现，布局风格日渐繁缛。

如明景泰掐丝珐琅番莲纹盒，高6.3厘米、口径12.4厘米、重634.6克。铜胎，器身莲瓣饰纹细部铜胎掐丝珐琅圆盒，造型来自莲花。平顶，以莲花心含莲蓬图案为装饰。

盒身与盒盖之弧形外壁，模铸仰覆莲瓣形，莲瓣周棱凸起，瓣尖微卷外扬。在各莲瓣框棱内，各饰有一朵折枝莲，各莲之花心图案及细部线条不尽相同。

全器入手沉重，制作精雅，掐丝

■ 明代掐丝珐琅梅瓶

线条严整，在线镀金痕犹明晰。所施鹅黄、靛蓝、浅蓝、鲜红、莹白诸珐琅色料均厚实鲜亮。器里及底均镀金，盒内底心中央横刻细字楷款：大明景泰年制。

此盒纹饰中的花瓣丰满、同一叶上往往施两三种颜色、胎体厚重、釉层深厚以及掐丝末端以隐藏的方式处理，均具早期掐丝珐琅的特色，而且落款的方式与当时漆器、瓷器的落款的特色相

珐琅精工

珐琅器与文化之特色

■ 明代掐丝珐琅双耳熏炉

尊 是我国古代的一种大中型盛酒器。尊的形制圈足，圆腹或方腹，长颈，敞口，口径较大。尊盛行于商代至西周时期，春秋后期已经少见。较著名的有四羊方尊。商周至战国时期，还有另外一类形制特殊的盛酒器——牺尊。牺尊通常呈鸟兽状，有羊、虎、象、豕、牛、马、鸟、雁、凤等形象。牺尊纹饰华丽，在背部或头部有尊盖。

同，是景泰年间制作之珍品。

还有一件掐丝珐琅花鸟纹方尊，算是明代中期珐琅器中的大件了。此珐琅尊通高63.3厘米，口径长方形，宽17.6厘米，窄的地方有17.3厘米，腹部直径长宽径30.1厘米和29.7厘米，足径22厘米、22.2厘米略像正方形。

此珐琅尊纹饰题材丰富，不过布局略显松散，而且掐丝线条粗细不甚均匀，釉色已经没有了明早期珐琅釉那种温润的光泽。

我国最早的梅瓶是唐朝时期的，当时称为经瓶，用作储酒之器；明代以后被用作陈设器或用来插花，后来人们认为这种小口短颈的瓶子，其口径之小，只适合插细枝梅花，所以被称为梅瓶。

如一件明代景泰年款景泰蓝花卉梅瓶，瓶高27.4厘米，肩宽15.6厘米，厚重铜胎，侈缘小口，短颈，

丰肩，敛腹，底外撇。

此珐琅瓶内露铜胎，器外蓝釉地并布云纹锦，瓶腹两面分别装饰红、蓝菊丛和一把莲纹饰，蝴蝶、蜻蜓和白鹤飞翔其间，并点缀五彩的品字云朵，近底处饰湖石。

此件掐丝珐琅花卉梅瓶文物的风格，与掐丝珐琅三多瓶相同，根据锦地、纹饰、紫蓝色釉和掐丝末端的细致处理方式等特征，是16世纪后期制作之景泰蓝器物。

景泰款掐丝珐琅小瓿也是御用监所造，通身掐丝缠枝宝相花，浅蓝地，填以大红、浅黄、砗磲白、宝蓝、豆绿、黄绿等7色，色调淡雅、失透，细润可爱。其后的成化、弘治时不见纪年掐丝珐琅器，可能是沿着景泰珐琅继续发展。

珐琅和釉一样是玻化物质，是薄地、均质的矽酸盐和硼酸盐的混合物，一般珐琅可分为有色、无色、透明、半透明和失透等5种。

明中期，珐琅器的釉层较早期的薄，且有些釉料成半透明状，比前后期的釉色都要透而亮丽。透明珐琅器是金属胎珐琅工艺的一种，主要是利用釉料的透明特性，涂施在经过加工工艺处理后的金属胎上，经烧制后可显现出金属胎表面的图案花纹。

如明代铜胎透明珐琅面盆，口径15

梅瓶 是一种小口、短颈、丰肩、瘦底、圈足的瓶式，以口小只能插梅枝而得名。因瓶体修长，宋时称为"经瓶"，作盛酒用器，造型挺秀、俏丽，明朝以后被称为梅瓶。梅瓶最早出现于唐代，宋辽时期比较流行，并出现了许多新的品种。宋元时期各地瓷窑均有烧制，以元代景德镇青花梅瓶最为精湛。

■ 明代掐丝珐琅长颈瓶

■ 珐琅喜字盒

■ 景泰蓝缠枝莲纹瓶

厘米，高5.3厘米，该器造型规整，沿边一周回纹，填色幽静，花卉舒展，线条优美，工艺精湛。同时，明中期珐琅器的云纹锦尚未规则化，行云纹与如意云头纹掺杂应用。

如明代鎏金铜掐丝珐琅云纹耳杯，口长17.5厘米，通宽16.5厘米，高4.2厘米。杯口椭圆形，有对称的双耳，弧壁，平底。耳面和杯口两端用红、黄漆绘鸟云纹，线条流畅。

这件云纹耳杯双耳成羽状，古称之"羽觞"，是古时的饮酒器。这件器物做得轻便灵巧，云纹流动，龙飞凤舞其中。

晋时与耳杯相关的最著名的一个故事便是"曲水流觞"，王羲之的《兰亭集序》里清晰地记录了当时的盛况：

> 永和九年，岁在癸丑，暮春之初，会于会稽山阴之兰亭，

■ 景泰蓝福寿葵花杯

修禊事也。群贤毕至，少长咸集。

此地有崇山峻岭，茂林修竹，又有清流激湍，映带左右，引以为流觞曲水，列坐其次。虽无丝竹管弦之盛，一觞一咏，亦足以畅叙幽情。

文中说的是一个古代习俗，每年农历三月初三，大家都要聚集在水边，举行仪式，祈求吉祥，叫作"修禊"。永和九年，即354年三月初三，王羲之和当时的多位名士就在兰亭这个地方参加修禊。

大家列坐在水边，把羽觞放入水里，沿着弯曲的水道任其漂流，流经谁那儿停住，谁就要作诗一首，作不出来就要罚酒。这就是"曲水流觞"的典故。

明中期的制胎水平已达到了相当的高度。胎形有

王羲之（303—361，一说321—379），东晋书法家，兼善隶、草、楷、行各体，精研体势，心摹手追，广采众长，备精诸体，冶于一炉，摆脱了汉魏笔风，自成一家，影响深远，创造出"天质自然，丰神盖代"的行书，被后人誉为"书圣"。其中，王羲之书写的《兰亭集序》为历代书法家所敬仰，被称作"天下第一行书"。

珐琅精工

珐琅器与文化之特色

罗汉床 又称弥勒榻，一般体形较大，又有无束腰和有束腰两种类型。有束腰且牙条中部较宽，曲线弧度较大的，俗称"罗汉肚皮"，故又称"罗汉床"。罗汉床一直是备受欢迎的实用家具。

■珐琅牛尊

方有圆，并向实用方面转化。除了瓶、盘、碗、盒、熏、炉、鼎之外，还有花、花盆、面盆、炭盆、灯、蜡台、樽、壶等器物，有龙戏珠、夔龙夔凤等寓意吉祥的题材，也有云鹤、火焰等表现道教、佛教内容的题材。

如明景泰年间的珐琅罗汉床，床长1.96米、宽0.97米、高0.96米，整体由紫铜铸造而成，采用掐丝、填各色珐琅料的制作工艺，该罗汉床以红龙为主角，左右配以两条腾飞状的黄龙作簇拥红龙状。

这件珐琅床上配有同样珐琅材质和图案的茶几，这套珐琅罗汉床的总重量达一吨多。床脚和茶几柱上均有"大明景泰年御制"落款。

还有一件掐丝珐琅龙纹床，是明朝景泰年间御制掐丝珐琅龙纹床，是全铜制龙图案床，长2.6米，宽1.17米，高2.24米，重逾2吨。

前沿居中为一条形似盘踞的红龙，左右各有两条黄、绿色龙相拥。床身有8个竖形柱，柱上为盘绕而上的红色龙，通身彩云缭绕，龙头依柱向前方瞭望。床脚为兽脚形状，其上铸有兽头。

表现佛教内容的有明铜胎珐琅上师造像，高30.5厘米，器身有许多小眼。此上师像面相方正，大耳垂肩，躯体高挺，着僧袍，双手结说法印坐于一台上。

整尊造像除露肤处鎏金，其他部位均以珐琅花卉进行装饰。底部露铜胎，刻以金刚杵暗花款，铜胎薄，掐丝细，填金具有早期风格，花纹图案繁复多样，镀金部分的金水较薄，金色美观漂亮。

同时，明中期花鸟虫草图案更加生动多姿，龙凤图案越显刚柔相济，大明莲的纹样也日趋丰满，演变成精美细秀的钩子莲，枝蔓形状活泼有层次，釉色也出现了葡萄紫、翠蓝和紫红新色，并出现了利用历代文人名画掐制的作品。

■ 明代铜胎掐丝珐琅葫芦瓶

这个时期的釉色具有内涵的亮度和纯度，放射出宝石的光芒。在以后任何时期也没有达到这种水平。在装饰手法上，非常重视金工的处理。器物的顶、盖、耳、足边线等部位，多有錾活装饰。

如景泰年间的掐丝珐琅八狮纹三环尊，为后改之器，拼接处焊接痕迹明显，上为原器，腹接一碗，加足扣合而成。上下釉色差别明显，底镌景泰款。

此八狮纹尊通体为浅蓝色珐琅地，通体高28.7厘米，上口径21.4厘米，足距15.6厘米。

颈部和腹部共饰掐丝八狮戏球纹及杂宝纹，尊圆形，撇口，长颈，丰肩，肩部饰3只铜镀金兽首衔环耳，底置3个铜镀金辟邪形足，底中心镌阳文楷书

佛教 最早的世界性宗教，距今三千多年，在东汉明帝时经丝绸之路正式传入我国。佛教是世界三大宗教中历史比较悠久、影响也比较大的一个宗教。佛教虽然来自印度，但其成熟和发展是在我国完成的，它既吸收了我国传统文化，又丰富了中国传统文化，具有博大精深的文化内涵。

"景泰年制"4字款。

这件景泰蓝八狮纹尊掐丝线条纤细婉转，但略显凌乱。此尊的颈和腹原为两个掐丝珐琅碗，后人将二者拼接成一器，并加配耳、足等，其款识也为拼器时镌刻。

珐琅器在景泰年间兴盛这种现象的确很奇特，因为景泰皇帝朱祁钰，是在英宗正统皇帝被也先入侵掠走之后登上皇帝宝座的，在位不足7年。

这期间内忧外患连年不断，国力处于极度衰败之中，工艺美术的发展遭受严重破坏，众多美术门类均已陷入困境，毫无成就。

明代掐丝珐琅蒜头瓶

珐琅精工

珐琅器与文化之特色

在这种境况下，造价成本高、工艺难度大的金属胎掐丝珐琅工艺，何以能在短暂的6年多的时光里得到巨大发展呢？

原来，"景泰年制"款的珐琅制品中，许多都是依赖早期遗存的旧器，重新加工改作而成的。也有部分"景泰年制"款的珐琅作品，是后世慕名仿制和改款的。

朱祁钰登上皇位之后，为了满足内廷的需求，把先朝遗存的大量金属胎珐琅器进行改制，然后镌刻"景泰年制"款。

从而，"景泰御前的珐琅"便以崭新的面貌出现在宫廷之中，并传诸后世。

珐琅彩象耳瓶

这种改作的方式可分为两种类型：

一是利用各种不同样式的旧器物，截取不同部位，经过拼装焊接重新组装成器，镌刻年款后，再行镀金。这类通体各个部位都用旧器拼装组合的制品，整体釉色一致，设计亦十分巧妙，看不出明显的拼接痕迹。但器身上的图案花纹缺乏完整性，造型比例亦不甚规范，辅助装饰常有异样。

如铜胎掐丝珐琅花卉纹龙耳瓶，阔腹、细颈、洗式口、圈足。器腹中间饰铜镀金弦纹一道，把腹部划分为上下两组，并以不同的图案作为装饰。

■ 铜胎掐丝珐琅花卉纹龙耳瓶

腹之下部施浅蓝釉地，饰彩釉茶花纹，近足处饰莲瓣纹一周。器腹上半部亦为浅蓝釉地，饰彩色釉缠枝莲纹。腹和颈部的衔接处，凸起彩色釉莲瓣一周。长颈之上饰绿色釉蕉叶，上压折枝花卉。颈部两侧附弓身回首龙形铜镀金耳。

器底镌阳文楷书"景泰年制"4字双行款。整体造型端庄大方，通体釉色光洁明亮，具有水晶般晶莹透明之感，颇为富丽。

通观全器，总体花纹图案富于变化，具有元明之际流行的风格特点；但器腹中部以一道镀金弦纹作为分界，显得过于生硬。

器腹下半部装饰茶花纹，上半部装饰缠枝莲纹，亦感不甚和谐。腹、颈结合部位凸起的莲瓣上，釉色

龙耳 陶瓷器耳的式样之一。也就是将器物的耳做成龙形，最早见于隋、唐白瓷及唐代三彩釉陶上。隋代典型器如陕西西安李静训墓出土的白瓷双龙耳双连瓶，器呈盘口，口沿与肩之间有两龙形耳呈对称分布。唐代白瓷双龙耳瓶与三彩双龙耳造型相似，系由隋代白瓷双龙耳双连瓶演变而来。

景泰蓝摆件

灰暗，填釉不饱满，明显与整体釉色不同。

对这些现象进行仔细推敲，即可发现器腹的下半部原是一件茶花纹盌，被截去盌口之后，与另一件缠枝莲瓶的上部拼接，再配一节长颈，就形成一件新式样的珐琅瓶了。

器腹上半部与颈的衔接处，由于两件原器的口径稍许不相吻合，故新加了一道凸起的莲瓣，经过这样处理，使衔接处巧妙地重合，且掩盖了拼接痕迹。

显然，这件珐琅器是利用多件旧器改装成新器的典型例证，只是新配制了两只龙耳和铜质镀金口足。

二是利用早期遗存的珐琅重器，截取其主要部位，再重新烧配造型所需的其他局部，组装成新的器物，镌刻"景泰年制"款。

这类经过重新烧配改装的器物，其造型和图案均可参照旧器局部形式，按需要加以配制，使通体的风格特点相吻合，致使整体上看不出有何异样。

但是，由于各个时代所用珐琅釉的配方不尽相同，烧造出来的色泽存在明显差异，这是仿造者所无法避免的难题。故这类重新烧配组装的器物，可以比较容易地从珐琅釉色中看出破绽。

如一件铜胎珐琅缠枝莲兽耳三环尊，阔腹、敛颈、敞口、平底、三兽形足。腹上部等距离凸起3个兽面，口衔铜镀金环。器底铜质无釉，中心处隐起双龙，环抱"大明景泰年制"楷书阳文款。

尊体施浅蓝釉为地，饰彩釉缠枝莲及花卉、葡萄纹。腹部釉料充实饱满，呈色光洁明亮，特别是葡萄紫、青草绿和绛黄色釉，更是光泽闪烁，具有晶莹的半透明感，色彩非常纯正。掐丝起线粗壮，颇为流畅自然。

而器之颈、口和足上部的釉色，与器腹显然不同，浅蓝釉地灰暗无光泽，红、紫色釉干涩不纯正，更无晶莹透亮的质感。釉面凹凸不平，不甚饱满。掐丝规整严谨，粗细较匀。

在同一器物上，釉色特点、掐丝技巧、烧造水平反差如此之大，可以充分断定该器的腹部是旧器改造的，而颈、足和兽衔环，均为后期烧配组装的。

通观器腹的造型和图案装饰风格，极似元代青花瓷罐特征。当然，这种相似绝不是雷同，因为各类工艺制品都有各自不同的工艺要求，在时代总体风格的规范下，必然展现出多样性的变化。

陶瓷制胎和铜胎珐琅器的成型，手法各异，必定会在造型上出现某些区别。瓷器上图案的绘制和珐琅工艺掐丝、填釉的技法更不相同，所显示的风格亦会有所区别。

正如元代瓷器上的缠枝花纹，缠枝间很少有装饰小花苞的现象，而元代的纳失失锦和掐丝珐琅制品上，则较普遍流行。这种风格似乎保留了较多的外来影响。

还有铜胎珐琅缠枝莲三环尊，重新组装和配制技巧也很见功力，采用几道凸起的镀金弦纹作为过渡，把新旧不同部位间隔开来，使釉色上的区别不过分

缠枝花卉贯耳瓶

铜珐琅万字香薰

显眼，也掩盖了衔接处的痕迹，并增强了造型的力度，使器物形体显得高大壮观，气魄宏伟。

不言而喻，这种艺术上的成果，原是建立在旧有的珐琅缠枝莲纹大罐基础上的。

重新改装增添了造型的美感，但在釉色烧造和工艺技术方面，却远逊于原来的水平。从记载中可知，明末清初时，"景泰御前珐琅"名声已经很高了。所以，后世常把万历时期的珐琅制品改成"景泰年制"。也有的作品是按照"景泰珐琅"的风格特点进行仿造的。

如铜胎掐丝珐琅缠枝花卉折沿口盘，通体施粉白釉地，以单线掐丝枝条串联起彩釉小花朵。图案比较续密，掐丝略显细腻。盘底施彩釉缠枝莲纹，中心处以彩釉如意云头装饰成长方框栏，框内铜质镀金携"大明景泰年制"款。

该制品的总体风格应是万历时期的特点，特别是款识周边装饰的彩釉如意云头框栏，是万历年造珐琅器惯用的方法。原本"大明万历年造"珐琅釉烧款，被后世改款时

■明代景泰蓝笔洗

剔掉，露出铜胎，刻上"大明景泰年制"假款。

再如掐丝珐琅云龙纹菊瓣式口大盘，盘内饰是彩釉二龙戏珠，其间布施如意云纹，口边饰缠枝菊花纹，外底施浅蓝釉地，彩花缠枝莲纹，中心处以如意云头装饰成长方框栏，框内贴着铜镀金的长方形薄片，上刻双龙环抱"大明景泰年制"款。

该作品的造型和图案风格均为万历时期特点，原珐琅釉烧制的"大明万历年制"款，已被镀金铜片所掩盖，这种做法显然也是清人所为。

诸多后改款或加款的珐琅制品，都采取上述两种手段。

而景泰年间有确切判断年代的，其代表器物如铜胎掐丝珐琅花蝶图香筒，器表外部以浅蓝色釉为地，颜色略显青灰。地上用珊瑚红、草绿、深蓝、白、娇黄等色釉烧成花蝶图。

这类颇具写实风格的装饰手法，较前期富于夸张的图案式装饰特点迥异。珐琅釉的色彩虽然比较纯正，但表面缺乏光泽，更不具有晶莹的透明感。釉料虽较饱满，却多点点细小砂眼。

■明代掐丝珐琅香薰

器之底部饰彩釉缠枝莲纹，中心处嵌铜质方块，其

缠枝莲象足薰炉

上阳文楷书"景泰年制"4字款。铜质的口沿及底部三羊足，均显露本色，不见镀金痕迹，这种现象也是其他时代少见的。

视其图案风格，釉料特点，均与早期不同，又有别于嘉、万时代的特征。故把这种类型的珐琅制品，作为宣德之后、嘉靖之前过渡时期的特征，才符合实际情况。

这个过渡时期的珐琅器，只有"景泰年制"的制品留下了明确的痕迹和记录，其他几个朝代均不见珐琅制品的任何蛛丝马迹。据此，可以确认铜胎掐丝珐琅花蝶图香筒为"景泰御前珐琅"中比较典型的器物。

纵观"景泰年制"款的3种不同类型，展现出"景泰御前珐琅"的

掐丝珐琅双鱼耳碗

烧造成就并不高，只是在改制早期遗存珐琅器中获得了声誉。

这种利用旧器改制成的新作设计十分得巧妙，并且是在内廷中的"御用监"控制下进行的，除参加改制的工匠外，很少有人知道内情。故"景泰御前珐琅"之虚名，在后世得以长期流传。

"景泰年制"款的掐丝珐琅器中，除部分后世改款和仿造者外，多数是景泰时期改制的。因此才在明末清初获得了"景泰御前珐琅"的称谓。

从清代雍正、乾隆时期《造办处各作成做活计清档》中，亦可看到"景泰年制"款珐琅制品被皇帝喻旨重新作款或按旧款式样仿造的记录。

这些情况说明"景泰年制"款的珐琅器，多数是景泰时期造成

的。而后期改款、加款和仿制者，数量不多，一般也比较容易区别。

如明代铜胎掐丝珐琅三羊开泰盘，铜胎掐丝珐琅盘，直径16.4厘米，重320克。其胎骨厚实，口沿和底足鎏金浑朴有厚度，珐琅釉色彩丰富，尤其是蓝釉呈宝

石光彩，釉面砂眼气泡多且粗大。

盘撇口，腹弧壁，圈足微外撇；口沿及足部皆露铜胎。通身以墨绿珐琅为地；盘心主体以金彩绘饰三羊开泰图，图中掐饰一雄两雌三只羊，其中两只雌羊或啃食青草，或仰颈而鸣，神态悠然，而雄羊正回首观望雌羊，画面背景搭配青草、山石。

明中期掐丝珐琅菊花纹螭耳瓶，高36.3厘米，口径10.5厘米，足径11.5厘米，通体遍饰菊花纹。

所谓螭耳的螭，是传说中一种没有角的龙。古建筑或器物、工艺品上常出现它的造型。这个炉上就有它的身影。

与此类似的还有掐丝珐琅云鹤纹蟠螭耳炉。

珐琅精工

珐琅器与文化之特色

阅读链接

珐琅器的制胎、起线、釉料配制、入窑之后温度的控制等多道工序，均需要专门技术。特别是入窑之后，经高温，釉料由粉末状熔解成黏稠状的液体，并凝结于胎体之上。

釉料经熔解和冷却后即收缩，表面会凹陷于起线高度之下，需再次填敷釉料入窑。如此反复三四次，釉料始能饱满，才可抛光、镀金。由此可知，珐琅制品的造价成本高，工艺难度大，技术性要求强，故不易在民间流行，主要应用于皇室和少数贵族中。

刻意求变的明晚期珐琅器

我国金属胎珐琅器的生产，到16世纪中后期，产生了前所未有的变化，其中以明嘉靖之后，尤其是万历年间的作品为代表。

明嘉靖时期，工艺美术出现了新的繁荣景象，瓷器、漆器和纺织品等，都有了新的发展，实物遗存十分丰富，铜胎掐丝珐琅制品的烧造虽然并不十分景气，但也有自己的特点。嘉靖年间的掐丝珐琅器特点是釉色对比强烈，图案风格粗犷豪放，与嘉靖时期的瓷器、漆器风格一致。

如一件明嘉靖掐丝珐琅龙凤纹盘，高5.1厘米，口径24.2厘米，足径16厘米。盘圆形，

明代掐丝珐琅香炉

松石绿 即绿松石的颜色，绿松石因其形似松球且色近松绿而得名。是我国"四大名玉"之一，自新石器时代以后历代文物中均有不少绿松石制品，是有着悠久历史和丰富资源的传统玉石。古人称其为"碧甸子""青琅秆"等。据专家考证推论，中国历史上著名的和氏璧即是绿松石所制。

撇口，圈足。通体施浅蓝色珐琅釉，掐丝勾云纹做锦地，盘内心圆形开光内一条黄龙蜿蜒腾飞，神态威猛，空间点缀彩色流云纹。

盘边彩云间瑞凤、仙鹤成双展翅飞翔。盘外壁饰云龙、凤鹤纹，盘底鎏金，正中镌刻填金"大明嘉靖年制"6字双直行款。

此盘原来自于民间，因土蚀较重，盘上的珐琅釉色和镀金表面多已失去光泽。从盘底镀金的锈蚀斑驳状况看，此器显然是墓中之物，尽管锈蚀较重，但红、黄、绿、白、蓝等珐琅釉色仍不失纯正艳丽之美，尤其是镀金，仍有个别地方可见光泽闪烁。

盘通体掐丝较工整流畅，填釉准确，尽管珐琅釉已失去温润的光泽，但此盘是国内唯一有明确嘉靖款的金属珐琅标准器，因此弥足珍贵。

嘉靖时掐丝珐琅还发现有云龙纹圆盘，掐丝跌宕无羁，而稍显潦草，珐琅色调类似景泰器，而黄珐琅略淡，大红珐琅、墨绿珐琅又显深邃并有一定的透明度。

这时，炉瓶之类的室内清供增多。珐琅色调、掐丝风格、造型图案与景泰掐丝珐琅有不少区别，如暖色调珐琅稍有增强、掐丝粗放、吉祥图案增多等，但其变化并非十分突出。

如嘉靖掐丝珐琅鱼藻纹高足

■ 明代掐丝珐琅方壶

碗，高10.4厘米，口径14.9厘米，足径4厘米，撇口高足；碗的整体为白色地，通体用鱼藻纹装饰；碗的外侧为天蓝色珐琅地，装饰的是西番莲纹。

掐丝珐琅器，是在金属胎体上，用细铜丝铆焊成图案，加填各种珐琅彩釉料；经高温成色，最后磨光成器。

明代官府在南京和北京设立官办作坊，而由于宫廷的使用对工艺和器型的高水准要求，使得景泰蓝工艺制品出现了非常多的精品。

掐丝珐琅

明代时期

明万历年间的掐丝珐琅器，铜胎掐丝珐琅的制造有了新发展，风格和特点发生了明显的变化，珐琅颜色品种丰富多彩，除蓝、红、白、绿、黄、紫等几种基本颜色外，出现了豆青色、松石绿色、茶褐色等新的颜色。

在色彩搭配上，器物的颜色除了继续以蓝色为地以外，盛行以白色、暖色或中间色等浅淡颜色的珐琅做地，还出现了在同一件作品之上，同时使用两种或者两种以上颜色做地色，这时的珐琅色彩偏淡，流行使用大面积的暖色或中间色。

如明万历掐丝珐琅花卉纹菊瓣式烛台，御用监制造，高9.6厘米，盘径18厘米，足径13.3厘米。烛台铜胎鎏金，圆盘形，菊瓣式边，盘心置一宝瓶式鎏金长阡。

盘内壁掐丝珐琅天蓝地上压缠枝菊花纹。盘外壁及底蓝地上饰多色釉勾云纹，盘底中心绿地长方框内刻朱红楷书"大明万历年造"6字款。

此烛台为照明用具，共用了红、紫、宝蓝、天蓝、海蓝、白、黄、绿、墨绿、藕荷等十余色釉料，鲜艳明丽，是明万历年间掐丝珐琅的标准器皿之一。

明朝后期景泰蓝与瓷器一样，大型的器皿烧制日盛。釉色丰富，但明亮度不及前期。

万历珐琅器的图案丰富，有龙戏珠、松竹梅、鱼藻、岁寒三友、蝠鹿、缠枝勾莲、牡丹、栀子等花卉。宫廷所制掐丝珐琅，器胎厚重，镀金足赤闪烁耀目。

如万历年间制作的掐丝珐琅栀子花纹烛台，通高9.6厘米，盘口径18厘米，盘底径13.3厘米，样式如同一个圆盘子，折边，底承3个铜质镀金垂云足。

盘中央为一铜质镀金宝瓶，瓶上出蜡扦，盘内为浅蓝色珐琅地，装饰红、黄、绿等色的折枝花卉纹，折边以绿色珐琅为地。整个画面装饰着掐丝填红、黄、白色珐琅折枝栀子花纹，外底中心阴刻竖行楷书"大明万历年制"6字款。

万历珐琅一般是番莲花心分成上下两个，并于花心上方的如意云头

珐琅精工

珐琅器与文化之特色

掐丝珐琅双龙戏珠盆

纹上，再加圭纹。转枝番莲纹呈规则的横S形旋转，叶片小而整齐，或是呈逗点式对生排列。

■ 掐丝珐琅栀子花纹烛台

如铜胎掐丝珐琅八宝纹长方熏炉，御用监制造，通耳高9.1厘米，盖面26.8×14.4厘米，底面25.5×13.2厘米。长方体、平盖面，朝冠式双耳，垂云形四足。器身四壁以灰白色釉为地，饰彩釉勾莲八宝纹。盖面无釉，边框为一周"卍"字纹，边框内饰绣球纹。

底部施珐琅釉彩花，中心处以掐丝填白釉如意云纹组成长方形框栏，框内绿地掐丝填红彩"大明万历年造"双行楷书竖款。

作品以浅淡釉色做地，饰折枝小花和双线勾缠枝八宝纹，颇为新颖。胎体较薄，成型规矩，釉面比较平滑，砂眼细小。这些特征展现出万历时期珐琅烧造工艺的进步与发展。明万历时期，由于当时的宗教氛围，八宝纹、卍字纹等吉祥纹饰充斥在珐琅器的装饰中，此熏炉即是一例。

此时，图案中龙纹的背脊由早期的锯齿状，逐渐变成连珠状，或于3个珠纹中，间一锯齿；龙的下腭有一排略呈三角形的短须；龙眉则成"山"字形。

如掐丝珐琅双龙戏珠盆，平底、直壁、菊瓣式折边口缘。内外均施浅蓝釉为地，内饰彩釉如意云纹，

八宝纹 又称"八吉祥纹"，是一种典型的含有宗教吉祥意义的装饰纹样，指法轮、法螺、宝伞、白盖、莲花、宝瓶、金鱼、盘肠结八种图案，分别代表佛法圆轮、佛音吉祥、覆盖一切、遮覆世界、神圣纯洁、福智圆满、活泼健康和回贯一切，被藏传佛教视为吉祥象征。

甪端 在我国古代传说中是一种具有神异功能的瑞兽，号称能日行一万八千里，通晓四夷语言。重要的是，它好生恶杀，知远方之事，若逢明君在位，则奉书而至，护卫于侧。它的这个特点，引起皇帝的极大兴趣，于是，甪端被摆在了皇帝宝座的两旁，标示着当今皇上的圣明。

其间有红、黄巨龙各一，在云天之际追戏一颗滚动的喷着火焰的宝珠。神态威猛。器外壁及底部饰彩釉缠枝莲纹。

底部中心处由红、黄、白、绿釉的如意云头组成长方形框栏，框内贴镀金铜板，上阴线刻双龙环抱"大明景泰年制"款。显然，这类镀金铜板是后来所加，铜板之下仍有"大明万历年造"珐琅釉款。

这件菊瓣口盆，体形较大，式样笨拙，釉色灰暗，砂眼颇多，图案装饰过于烦琐。

同时，万历珐琅器的锦地也逐渐演变成单纯的图案式云纹锦或草莓形锦。开始出现豆绿色釉，图案式龙凤纹、璎珞纹，也在这时期出现。

自万历年间始，仿动物、植物等"仿生"造型的掐丝珐琅器开始盛行，如甪端香薰、鹅形匙、狮式香

■ 珐琅粉盒

熏、菱花式炉、梅花式缸等。

如万历时期由御用监制作的掐丝珐琅甪端香薰，头部内镌刻着楷书"大明万历年制"的款识，独角昂首，双目圆睁，四爪直立，足下踏蛇。

通体以豆绿色为地，填饰红、黄、蓝、白等色的纹样。这件摆放在宝座边的甪端同时也是一个香炉，它的头下有一个旋钮，能使头部转动开启以便放置熏香。

这件掐丝珐琅甪端是明代万历年间制作的，后藏于故宫之

中，甪端在紫禁城宫殿中皇帝的宝座前多有陈设，使殿堂中的气氛更加肃穆威严。

与此类似的还有明掐丝珐琅鸳鸯式香薰，高20厘米，长17.3厘米。香薰鸳鸯式，昂首，直立，口微张，一掌踏在一片掐丝珐琅荷叶之上，作单腿站立状，背开一洞，上置镂空古钱式盖，用以放置香料和散香。

分别用红、蓝、绿、黄、白等颜色的珐琅釉装饰鸳鸯的羽毛纹。此香薰为一件仿生造型掐丝珐琅器的代表性作品。

这时常有将"大明万历年造"的款挖掉，换成"大明景泰年制"6字两行款，但挖改的痕迹比较明显。不过万历年代款识的表现方法具有时代特征。

通常多在器物底部中心处，用彩釉如意云头纹组成长方形框栏，

■ 珐琅缠枝番莲纹葫芦瓶

珐琅精工

珐琅器与文化之特色

框内以绿釉为地，填红釉"大明万历年造"款。

这种在款识周围装饰彩釉如意云头的方法是其他各时代所未见的。如明万历掐丝珐琅兽面纹大方鼎，通高64.5厘米，口长45.6厘米，口宽32厘米，重24.9千克。铜胎，胎体厚重。口沿外折，上立宽大的双耳，长方形腹，直腹壁，底平，下设夔龙式四扁足。

梯形盖，盖顶为莲瓣座镂雕龙纹球形钮，盖四面镂雕云龙纹，四隅镶山形棱脊。器内露胎，器表以浅蓝色珐琅釉为地，盖与立耳饰菊花纹。

口沿下分饰夔龙及凤鸟纹。器腹四隅及每壁中间均镶饰山形棱脊，腹面饰兽面纹，足饰夔龙纹。鼎底饰云纹锦地及双龙戏珠纹，中间镶嵌鎏金铜片，其上楷书阳文"大明景泰年制"双行伪款，四周饰以掐丝变形云纹。

此鼎纹饰华丽，用色丰富艳丽，共用红、黄、蓝、松石绿、白、墨绿、草绿等釉色。钮、盖、耳、口、棱脊及足露胎处皆鎏金。

根据釉色、龙纹及款识四周装饰掐丝变形云纹，具有万历时期的特点，其镶嵌款下应是"大明万历年造"掐丝填红。

大红珐琅在明晚期更为鲜艳，使用较多，为天启、崇祯时所承继，在掐丝珐琅史上别具一格。这时的制作工艺，以双线掐丝技法的使用比较普遍，图案丰富，装饰题材更为广泛，龙凤、灵芝仙鹤、荷鹭鱼藻、松竹梅、山水人物、八宝纹等，成为时尚。

掐丝珐琅缠枝蕃莲纹梅瓶，明晚期。通高31厘米，口径5.7厘米，足径11.5厘米，重2.1千克。铜胎。侈口，短颈，圆肩，敛腹。圈足外撇。

器内露胎，器表施蓝色珐琅釉为地，颈部饰一周花叶纹，肩及腹部饰大朵缠枝蕃莲花，腹下部饰变形莲瓣纹。此瓶器形规整，纹饰略显粗糙，所用釉色有红、白、蓝、绿、黄及红白混合色，釉色略显灰暗。

如明晚期掐丝珐琅缠枝番莲纹葫芦瓶，通高39.5厘米，口径4.7厘米，足径12.1厘米，重2.8千克。铜胎。口沿微侈，器身为亚腰葫芦形，底部有矮圈足，束腰，上下二腹比例适当，造型端庄。口及圈足皆镀金。器内露胎，通体以蓝色珐琅釉为地，口沿下饰红色如意云头纹一周。

葫芦瓶的肩及器腹饰红、白、蓝、紫、黄、绿色大朵蕃莲花。腰部饰红、黄、绿、白色六瓣花叶纹。圈足饰红、白、蓝、黄色变形云纹。

器底饰五瓣花叶纹，中间以白釉为地，掐丝填红"大明景泰年制"双行6字楷书伪款。此瓶器型较少见，纹饰遍施器体，釉色灰暗无光泽，具有明晚期的特点。

此外，这时还有许多将文字与图案相结合，寓意"福寿吉祥"的装饰纹样，如"福寿

■ 明代珐琅瓶

镂雕 亦称镂空、透雕。指在木、石、象牙、玉、陶瓷体等可以用来雕刻的材料上透雕出各种图案、花纹的一种技法。距今5000年前的新石器时代晚期，陶器上已有透雕圆孔为饰。汉代到魏晋时期的各式陶瓷香熏都有透雕纹饰。清乾隆时烧成镂空转心、转颈及镂空套瓶等作品，使这类工艺的水平达到了顶峰。

■ 明代珐琅双连瓶

康宁""双龙捧寿""万寿如意"等，也开始盛行起来，基本上是用双线勾勒技法来完成。

如明朝晚期的掐丝珐琅福寿康宁字圆盒，通高10厘米，口径16厘米，足径11.4厘米。圆形，盖面微隆，圈足。盖面以白色珐琅釉并掐丝镀金勾云纹为地，上有掐丝填红色珐琅釉"福""寿""康""宁"4个字，周围点缀彩色杂宝纹。

盒盖及盒体外壁均以浅蓝色珐琅做地，饰各种掐丝折枝花卉纹。此盒纹饰有松、竹、梅、勾莲、灵芝及杂宝纹等。

明晚期还流行一种胎薄体轻，填釉不甚饱满，釉色灰暗不纯，砂眼较多，工艺比较粗糙的珐琅制品。多见盆、盌、盘、炉等器物，应是民间烧制的。

《新增格古要论》在论述"大食窑"时，末尾新增"今云南人在京多作酒盏"一句，这类水准不高的珐琅制品，或许与滇工制造有关。

如明晚期掐丝珐琅兽面纹方壶，通高29厘米，口径9.6厘米，足径10.6厘米，重2.15千克。器形仿战国青铜器的方壶形制。铜胎。方口，束颈，垂腹，方足外撇。肩部镶一对掐丝彩釉铺首衔环耳。

器内露胎，通体以蓝色珐

琅釉为地，四面纹饰均相同。自口沿至方足分为8个部分，其中第二、第四、第六部分均为五瓣花朵纹带，其余依次为蕉叶纹、凤鸟纹、兽面纹、掐丝云纹锦地花朵纹。外撇方足饰蕃莲纹。方壶形制古朴，所用珐琅釉有红、蓝、白、绿、黄等色。

■ 明代珐琅瓶

明代晚期，由于千百年的文化积累，儒家思想更加深入士子之心，孔子的思想里把"仁"作为最高的理想和准则，在"仁者爱人"原则的指导下，继承和发展了前代的伦理思想，从而形成了一套完整的伦理思想体系：

仁，仁者，人也。心之德，爱之理；
义，义者，宜也。心之制，事之宜；
礼，礼者，谐也。别尊下，序等级；
智，智者，知也。辨善恶，知是非；
信，信者，诚也。守诚信，实不欺。

在一件精品景泰蓝尚德尊花瓶中，其内容全方位地展示了2000多年前孔子的儒家理论思想中最为重要和最高的道德规范。

这件景泰蓝花瓶的整体样式统一，颈部设德凤双耳，寓孔子圣德并兼五德之意，配两组象征仁德君子

孔子（前551—前479），名丘，字仲尼。春秋末期的思想家和教育家、政治家，儒家思想的创始人。孔子集华夏上古文化之大成，在世时已被誉为"天纵之圣""天之木铎"，是当时社会上的最博学者之一，被后世统治者尊为孔圣人、至圣、至圣先师、万世师表。

明代珐琅龙纹瓶

的玉璧图。腹部中央的大景泰蓝图。

正面是"万世师表"之孔子像，背面每件各缀一字，分别是"仁、义、礼、智、信"五德，除去主图的其他的画面是混有战国时期的各种图饰，包括战争、狩猎以及人与动物等情景。

明代晚期的珐琅精品还有掐丝珐琅摩羯纹双螭瓶、掐丝珐琅狮戏球纹炉、掐丝珐琅婴戏纹花觚、掐丝珐琅山水人物图圆盒、掐丝珐琅花卉鼓鹅形匙、掐丝珐琅鸳鸯形香熏、掐丝珐琅花鸟图方盖壶、掐丝珐琅五伦图梅花式大缸、掐丝珐琅池塘秋色图梅瓶、掐丝珐琅荷塘白鹭图缸等，均为精美绝伦的古代珍品。

阅读链接

万历款掐丝珐琅在器形、图案、釉色、款识等诸多方面具有独到之处，形成了鲜明的时代风格。

出现了烛台、甬端等新的器形；珐琅釉基本失透，不再具有半透明的光泽；款识改为"大明万历年造"掐丝填红釉款和"大明万历年造"阴刻双线款。

据不完全统计，世界范围内带有万历款的掐丝珐琅仅有20余件。掐丝珐琅双狮戏球长方盘，在珐琅釉色上具有万历朝珐琅风格。

清代署有官方年款的掐丝珐琅有康熙、雍正、乾隆、嘉庆、同治、光绪。

康熙朝掐丝珐琅基本有三种风格：其一是具有晚明风格的大器；其二是珐琅釉失透，釉色灰暗无光泽，器物表面欠光滑；其三是掐丝细腻活泼，釉色纯正鲜亮。

康熙朝掐丝珐琅有五供、炉、瓶、盘、盒、暖砚、笔架、香薰等，款识有"大清康熙年制""康熙年制"楷书、篆书阴刻款、铸款和镂空款，还有很多无款的康熙风格作品流传于世。在整个清代晚期掐丝珐琅制品，一度呈现出较为繁荣的景象。

承前启后的康熙时珐琅器

清朝建立后，经过顺治年间的恢复期，至康熙时代，政权得到巩固，经济有了发展，一度停滞不前的工艺美术开始了全面复兴。金属胎掐丝珐琅制品主要由清宫"匠作"承造。开始时釉料色彩很少，颜色也不稳定。

其后烧制出一些新色釉，显色也比较纯正。掐丝技术有了改进，掐丝线条纤细而流畅。其烧制的掐丝珐琅制品主要有3种不同类型。

铜胎成型规矩，以小型器物居多。通常仍采用浅蓝色釉为地，饰红、绿、深蓝、黄、白、紫色釉组成花卉图案。但浅蓝釉地颇显干

清代珐琅方夔纹熏炉

涩灰暗，缺乏光泽。其他釉色亦不纯正。釉的表面凸凹不平。

显然，釉料的配制方法和烧造技巧都不够成熟。图案多以缠枝花卉为主，掐丝纤细均匀，刚劲流畅。这类釉色干涩缺乏光泽和掐丝纤细刚劲的特点，是康熙时代掐丝珐琅工艺的鲜明特征，有别于其他各个历史时期。

■清代回文珐琅器皿

如康熙时铜胎掐丝珐琅缠枝花卉纹炉，圆形，阔腹，口外撇，冲耳，乳足。器外施浅蓝釉地，饰彩釉缠枝花卉纹。釉色不纯净，缺乏光泽，特别是浅蓝色釉更显灰暗干涩。掐丝很细。以单线勾勒花卉枝干，串联起多朵盛开的鲜花。

底部中心饰双方圈，内镌阳文楷书"大清康熙年制"款。这类制品是康熙时代珐琅烧造技术尚不完全成熟时的代表性作品。

康熙时的铜胎制造很规矩，珐琅釉的色泽纯正光洁，彻底改变了灰暗干涩的质感。填料也较饱满，釉层表面平滑，砂眼较少，图案多采取双线勾勒的技法，掐丝纤细流畅。显然，珐琅制造工艺已经恢复到成熟时期。

如康熙时掐丝珐琅丹凤纹长方小盘，通体施浅蓝

康熙 清圣祖仁皇帝爱新觉罗·玄烨的年号，康熙帝是清朝第四位皇帝、清定都北京后第二位皇帝。他8周岁登基，14岁亲政。在位61年，是我国历史上在位时间最长的皇帝。他是我国统一的多民族国家的捍卫者，奠下了清朝兴盛的根基，开创出康乾盛世的大局面。

珐琅精工

珐琅器与文化之特色

釉地，饰红、蓝、绿、白、黄釉组成的缠枝莲纹，花卉间一只变形的凤凰展翅飞翔。盘底部无釉，镌刻阴文楷书"大清康熙年制"。这类作品展现出康熙时期掐丝珐琅工艺的成就。

同时，造型、图案及釉色特点均仿造"景泰御前珐琅"的特征，有的器物底部镌刻"景泰年制"款，釉色纯正，亦可乱真。但掐丝纤细，釉料饱满，砂眼很少。图案装饰手法有所变化。这些特征明显有别于明代珐琅制品的风格。

如康熙时铜胎掐丝珐琅狮戏纹高足盌，通体施浅蓝釉地，内饰彩釉龙凤串花图，外壁饰彩釉三狮戏球图。高足上以单线勾勒缠枝莲纹，足内镌刻阳文楷书"景泰年制"。然而该器掐丝纤细，填釉饱满，很少砂眼。

足上的缠枝虽以单线勾勒，但枝叶细小繁密，不同于明代风格。特别是龙的图案，高额宽颊，长眉下垂的形象，显现出康熙时代的风

清代掐丝珐琅三足盖鼎

掐丝珐琅博古几

格特点，是康熙时仿明代珐琅制品的代表作。

康熙年间的掐丝珐琅器，风格多样，其中以细丝粗釉和匀丝浓釉两种风格的珐琅制品最为重要，基本上反映了康熙朝在有清一代掐丝珐琅器生产方面起到的承前启后作用。

清代初期，清政府成立了最大的皇家工厂"造办处"，下设几十个作坊，1684年所设珐琅作是其中规模较大的作坊之一。以明景泰时内廷珐琅为榜样，生产了大量景泰款掐丝珐琅和康熙时本色的掐丝珐琅。

珐琅缠枝莲纹香熏

在艺术和色调上逐步放弃了明万历掐丝珐琅的暖色格调和掐丝不匀，恢复了景泰掐丝珐琅的风格并有长足的发展。此外，扬州、广州、九江、北京等地也制作具有地方风格的掐丝珐琅。

细丝粗釉是以单线勾勒图案轮廓的掐丝方法和以缠枝莲纹为主题，大花大叶，花朵硕大的图案装饰特点，均追仿明代早期的风格。

纹样线条纤细流畅，掐丝刚劲有力。器物的地色多为不透明的浅蓝色，质地干涩，灰暗无光，反映出珐琅质量尚待提高。

这一类型的掐丝珐琅器，多是康熙年间内廷珐琅作建立之初，以遗存于宫内，明御用监制造的掐丝珐琅器为基本原型和样板烧制的。

如清掐丝珐琅缠枝莲纹球形香熏，即是仿明朝早期的珐琅作品制造，又称"悬心炉"，制作时间为清朝康熙年间的早期。

■ 清代掐丝珐琅香熏

此炉珐琅釉色淡雅，掐丝纤细，纹饰流畅，显然有别于明代珐琅风格，为清宫造办处珐琅作制品，是康熙前期掐丝珐琅器代表作品。

康熙景泰蓝缠枝莲纹球形香熏球体的直径为16.2厘米。香熏由两个半圆体以子母口相衔接成一球形。内设套合的大、中、小3个活轴相连的同心圆机环，使悬于三环中心的盛器总能保持平衡状态，小圈内置一铜炉，球体无论怎样转动，铜炉口始终向上，以使香料不致泄漏。

香熏通体为浅蓝色珐琅地，上饰掐丝缠枝莲纹，掐丝线条纤细均匀，刚劲流畅，花朵硕大饱满。珐琅质地干涩无光，系康熙前期珐琅工艺的特征。此香熏虽系仿造明代器型，但构思奇巧，设计巧妙。

再如掐丝珐琅缠枝莲纹胆瓶，也是清康熙年间的清内务府造办处珐琅作制造的珐琅器，很有欣赏价值，胆瓶高12.3厘米，口径1.2厘米，腹径6.7厘米，足径5厘米。瓶直口、细颈、垂腹、高圈足，口、足沿鎏金。

瓶颈以蓝色珐琅釉为地，饰掐丝珐琅缠枝莲纹。圈足上以一周莲瓣纹做装饰。足底錾刻有"康熙年制"4字款。

此珐琅瓶造型、图案、釉色均仿"景泰御前珐琅"，是康熙年间仿明代景泰蓝的作品，有很多的明

鎏金 是将金和水银合成金汞齐，涂在铜器表面，然后加热使水银蒸发，金就附着在器面不脱。关于金汞齐的记载，最初见于东汉炼丹家魏伯阳的《周易参同契》。而关于鎏金技术的记载，最早见于梁代。

代珐琅制品的特点，但掐丝纤细，图案显繁缛，地色也略灰暗，釉色很饱满，沙眼也很少，有别于明代珐琅制品，然仍属不可多得的康熙款掐丝珐琅瓶。

此瓶以单线技法勾勒花叶枝蔓，莲花朵肥叶硕，掐丝线条纤细流畅，这种掐丝纤细的技法是康熙掐线珐琅的特征之一。

棒槌瓶本来是康熙时期青花瓷中最具代表性的一个创新器形，而景泰蓝花瓶就是从造型上借鉴的前朝青花瓷器中的器形与整体色调感觉。

康熙青花瓷器又被赞誉为"青花五彩"，就是仅仅利用前朝瓷器的一种颜色，通过其中的浓淡变化来渲染出景物的阴阳向背，远近疏密，虽然颜色单一但不单调，而且还非常有立体感。而康熙掐丝珐琅蓝地卷草棒槌瓶就将康熙青花的这一特点完整地表现出来了。

这件掐丝珐琅蓝地卷草棒槌瓶，所用的色调非常的少，这点很不同于平常的景泰蓝作品，因为一般的景泰蓝作品都以色彩艳丽为主。

而这件景泰蓝花瓶则是反其道而行之，将珐琅的另一个特点发挥到了极致，那就是珐琅色彩给人的立体感，而这一点也是景泰蓝吸引

青花 又称白地青花瓷，常简称青花，是我国瓷器的主流品种之一，属釉下彩瓷。青花瓷是用含氧化钴的钴矿为原料，在陶瓷坯体上描绘纹饰，再罩上一层透明釉，经高温还原焰一次烧成。钴料烧成后呈蓝色，具有着色力强、发色鲜艳、烧成率高、呈色稳定的特点。

075

绚丽多彩

清代时期

■ 铜珐琅盖碗

人的一个非常重要的方面。

康熙时的匀丝浓釉，是按习惯以蓝色珐琅为地，用红、黄、绿、白、蓝、紫、赭等颜色的珐琅作装饰，质地细腻，色彩纯正，表面打磨平整光滑。

纹样线条均匀规整，主要以双线勾勒技法来完成，技法娴熟，修正了明代晚期掐丝潦草不均匀的缺点，但早期那种苍劲的风格逐渐消失。此后清代掐丝珐琅器基本上是沿着这一风格和路子发展的。

如康熙景泰蓝镇宅方鼎，高42.8厘米，长42.3厘米，宽24.5厘米。此景泰蓝鼎花纹为仿明代龙凤连理图，其主色为地绿色。

鼎体四面有用翡翠精雕而成的四方神嵌在中央。鼎肩有16粒翡翠和红玛瑙精制圆点嵌制而成。体现了景泰蓝古雅华贵与金碧辉煌。

因为此景泰蓝镇宅方鼎的主要原料都是名贵材料，精雕四神活灵活现，玲珑剔透珠光宝气。寓意象保平安、螭虎助力、四神在此力保万年。是一件难得的镇店、镇宅之宝。

粗丝淡珐琅和匀丝浓珐琅器，均以浅蓝珐琅为地，色调偏冷，器形有盒、碟、炉、香薰尊以及桌、椅、屏等家具陈设，配色绚丽如锦，形成了清代掐丝

珐琅精工

珐琅器与文化之特色

■ 清代掐丝珐琅三足熏炉

镇宅 一种民俗活动，主要以法术或符箓、器物驱除邪鬼，以安定家宅，保护家里平安。自春秋以来，悬镜以辟鬼邪的习俗也在民间盛行起来。汉代起，即有埋石镇宅之风俗。魏晋以后，道教的兴起，渐渐有了悬符镇宅的风俗。我国明清时出现了民族融合，将各民族的风俗中的镇宅文化混合起来，形成了明清镇宅文化。

珐琅发展史上的第一个高潮。

至康熙后期，掐丝珐琅作品胎壁较早期变得轻薄，但器型规整，种类有了一定的增加，出现了一些如花篮、鼻烟壶、暖砚盒等新的品种，但仍以小件器物为主。

如铜胎掐丝珐琅鼻烟壶，壶身扁平，垂腹，通体施黑色珐琅彩，中有掐丝回纹。颈部一周装饰花瓣纹。主体两面开光处，绘相同的夏日小景：一只鸣蝉爬上柳枝，柳枝随风轻摆，颇有趣味。烟壶色彩沉稳，掐丝工艺精良，釉色纯正，色彩变化多样，甚是美观。

另外一件铜胎掐丝珐琅鼻烟壶也为铜胎掐丝珐琅制成，口颈垂直，上饰如意纹及莲花蔓草。肩部一周亦饰如意纹，壶身两面蓝天祥云为底，上各有翔龙一条。半球形盖钮上饰蓝底卷云宝珠。烟壶制作精美，掐丝纤细规整，珐琅釉色纯正，造型小巧可爱。

而掐丝珐琅夔龙纹暖砚盒，是清朝康熙年间由大清内务府造办处珐琅作制造的，制成后，一直收藏于清宫中，此珐琅暖砚盒高5厘米，长14.7厘米，宽11.5厘米，盒内可以盛放热水或炭火，使盒子上边的墨汁在冬天不致冻

■ 铜胎掐丝珐琅鼻烟壶

结。砚盒长方形，内置长方形松花江石砚一方。

该暖砚盒造型典雅，纹饰规整，浅蓝色釉地色泽较纯正，砚盒口部饰铜镀金錾花螭纹一周，四立面为浅蓝色珐琅地，每面中间用桃纹做装饰，两旁饰相向的掐丝螭纹一对。盒底中心镌刻篆书"康熙年制"4字款。

这件清康熙掐丝珐琅夔龙纹暖砚盒的制作工艺已比康熙早期有所改进，掐丝线条较为工整，珐琅质地细腻，色彩淡雅，具有康熙后期掐丝珐琅作品的鲜明特征。

康熙时期的珐琅器中铸胎的器物分量很重，龙的样子接近万历风格，正面龙，面目苍老。釉色有的颜色较成熟，但有的蓝色发灰，不够鲜艳，重要的是，其中的紫色、绿色已经非常明显地不透明了，而且也不漂亮。

康熙时较大一些的掐丝珐琅器，代表物为开光花卉双兽耳壶，也是清代宫廷景泰蓝中的典型作品，整个器形也较古朴，类似于一个小坛子，双耳有龙头吐水而做成的两耳，一下就显出了整个景泰蓝作品的雅致，开光处是几朵各种形态的菊花，有的含苞待放，有的开的非常鲜艳，给整个图片添加了一丝灵动。该耳壶做工精致，而且造型独特，画面生动形象，颜

■清代画珐琅山水纹炉

色搭配非常的雅致，绝对是景泰蓝精品。

康熙年间，随着造办处珐琅作的建立和海禁令的废弛，清宫造办处和广州的珐琅工匠，吸收并借鉴瓷器、料器和西方的画珐琅制作工艺，试制成功了金属胎珐琅工艺中另一个重要的品种，就是画珐琅器。

远在公元前1800年的古埃及，就已出现用珐琅釉作装饰的器物。不过那时的珐琅釉还是一种相当粗糙的产品，它与后世所说的珐琅之间还有相当距离。

■ 西洋风景纹瓶

近代画珐琅技法在15世纪中叶起源于法国。到17世纪初，法国工匠铮一世发明了画珐琅的新方法，即在一种较软的玻璃料内，加上不同的金属氧化物作为呈色剂，并用油调和之后，便成为珐琅料。以这种珐琅料装饰器物，能取得如油画般和谐的色泽效果。

1551年，当葡萄牙军队赶走了澳门海域的海盗，随着大批传教士和商人涌入我国，西方的宗教、天文、历法、数学、物理学、医学、音乐、绘画以及各类工艺美术品也纷纷传入我国，对我国产生极大影响。

面对这股来势汹涌的西学传入之风，康熙帝经过审时度势的研究后，决定对外来文化采取既不排斥，也不盲目推崇的态度，学习其先进的科学技术，并利

龙　在我国古代神话与传说中，是一种神异动物，具有九种动物合而为一之九不像的形象，为兼备各种动物之所长的异类。传说其能显能隐、能细能巨、能短能长。上下数千年，龙一直是华夏民族的代表！是中国的象征！

■ 清代画珐琅牡丹
纹碗

用传教士的技艺，支持他们从事有益于我国文化发展的学术交流。

在这种社会背景下，诸如铜胎画珐琅器、望远镜、钟表、洋酒、油画、鼻烟壶等物品，就在康熙时期进入紫禁城。

一位法国传教士洪若在康熙二十六年写信回法国，要求以"画珐琅器作为赠送官员的礼物"，并坚持不要裸体画，只要求小件珍玩器，珐琅釉是人类文化史上最早出现的装饰釉之一

当法国传教士将这种画珐琅器进贡康熙帝时，其优美的造型、绚丽的色彩，立即将康熙帝深深吸引。这种画珐琅器华丽无比，它与康熙帝推崇的博大清新、富丽华贵的皇室装饰效果相一致。

它比当时宫中使用的五彩、斗彩瓷器更具魅力，所以康熙帝决定在宫中尝试制造这种画珐琅器，并将其移植到他最喜爱的瓷器上。

同时，从国外进口有与景泰蓝相似的金珐琅、铜珐琅等品物。当时国内也盛行在铜、玻璃料和瓷器等不同质地的胎上，用进口的各种珐琅彩料描绘而成的珐琅彩器，其中在瓷胎上绘画的称"瓷胎画珐琅"，也就是驰名中外的珐琅彩瓷器。

珐琅彩瓷器的出现是瓷器发展史上的一个必然产

珐琅精工

珐琅器与文化之特色

紫禁城 我国明、清两代的皇宫。明朝第三位皇帝朱棣在夺取帝位后，决定迁都北京，即开始营造紫禁城宫殿，至1420年落成。依照我国古代星象学说，紫微垣即北极星位于中天，乃天帝所居，天人对应，是皇帝的居所，又称紫禁城。

物，珐琅彩瓷器的前身景泰蓝兴起于明代，是在铜胎上以蓝为背景色，掐以铜丝，再填上红、黄、蓝、绿、白等色釉烧制而成的工艺品。

清康熙年间这种"画珐琅"的方法被用在瓷胎上，其吸取了铜胎画珐琅的技法，在瓷质的胎上，用各种珐琅彩料描绘而成的一种新的釉上彩瓷。

康熙珐琅彩瓷的造型，以小型器皿为主，主要为瓶、盒、盘、碗、杯、壶等，其中以碗的数量较多，而瓶的造型则非常少见。

如康熙珐琅彩牡丹纹碗，高7厘米，直径14厘米。碗的口部、底足微外撇。白釉底色含青，匀净，细洁滋润。碗内一色白釉。碗外壁饰牡丹花，图饰以蓝釉做底，绘以粉红色牡丹花，绿色叶子，整个色彩基调明朗清晰，简洁而大气。

此碗整个效果并不像瓷器，而像一个宝石制品。蓝色像蓝宝石，红色像红宝石，釉料肥厚，质感甚好，釉中有细小白色粒状，是为特征。底足露胎，洁白细净。

底书红料方框"康熙御制"，红料肥腻间有细小杂质，艳而不俗，字体为

■ 清代铜胎画珐琅碗

珐琅精工

珐琅器与文化之特色

标准秀美的楷书，运笔极其规矩，中锋运笔，笔路分明，外框一粗一细，十分规整，仿佛一个印章。

　　再如康熙画珐琅缠枝花卉纹菱花式盘，高2.7厘米，口径17厘米，足径 8.4厘米，此盘用12种颜色绘制，珐琅釉层肥厚，釉色丰富，造型逼真。

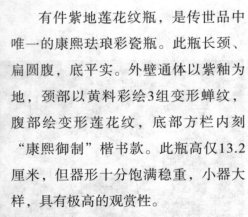

■ 清代画珐琅开光花卉小瓶

　　有件紫地莲花纹瓶，是传世品中唯一的康熙珐琅彩瓷瓶。此瓶长颈、扁圆腹，底平实。外壁通体以紫釉为地，颈部以黄料彩绘3组变形蝉纹，腹部绘变形莲花纹，底部方栏内刻"康熙御制"楷书款。此瓶高仅13.2厘米，但器形十分饱满稳重，小器大样，具有极高的观赏性。

　　珐琅彩瓷是清代唯一在皇帝直接授意下创烧的，其艺术风格适应皇室富贵华丽的装饰需求，较之于当时流行的斗彩、五彩瓷更具魅力。它一经问世就秘藏于皇宫内苑，专供皇室赏用。

康熙珐琅彩瓷的胎质，一般采用景德镇烧制的白瓷做胎，制胎时先在器内外蘸满釉，然后晾干，再用工具旋掉胎体外而所施的釉，造成外壁不带光亮的涩胎，最后送入窑内烘烧成反瓷，再进行描绘。

这一点可以从一件康熙珐琅彩黄地缠枝牡丹纹碗上看出，此碗外部黄色珐琅彩下面，即隐约可见胎体上的旋纹。

康熙珐琅彩黄地缠枝牡丹纹碗高7.8厘米，口径15厘米，足径6厘米。碗广口撇沿，口沿至腹部轮廓线缓收，腹部微丰，圈足。碗内光素无纹饰。

碗外以黄彩为地，以红、蓝、绿、粉、藕荷等色绘盛开的缠枝牡丹花纹。碗底蓝料方框内楷书"康熙御制"双行4字印章款。

由于康熙时期珐琅料依赖于进口，造价较昂贵，珐琅器的生产数量十分有限。此碗属康熙珐琅彩瓷中的精品，造型端庄，画工严谨，色彩艳丽，制作技艺已十分成熟。

康熙珐琅彩瓷有时也使用前朝所制白瓷做胎，如康熙珐琅彩盘，就是在明永乐时期的白釉瓷盘上施彩的。

■ 珐琅彩黄地方壶

紫砂 是一种介于陶器与瓷器之间的陶瓷制品，泥色有多种，紫砂器不挂釉，而是充分利用泥本色，烧成后色泽温润，古雅可爱，紫砂陶质地古朴纯厚，不媚不俗，与文人气质十分相似，以至文人深爱笃好、以坯当纸，或撰壶铭，或书款识，或刻以花卉，刻以印章，托物寓意，每见巧思。

另外还有一些是以紫砂作为珐琅彩瓷的胎。

类似的还有康熙景德镇窑画珐琅菊花方壶，通高9.6厘米，口径6.0厘米。菊瓣式子母盖，盖面以柱头式之钮为花心，錾成一朵浅浮雕式花瓣平展的菊花。壶身四面方而边角圆滑，流与把手均呈方形，镀金圈足亦呈菊瓣式。

壶内施浅蓝珐琅，器表颈部浅蓝地，每一菊瓣内又各画一朵小菊花，壶腹黄地，四面以菊瓣式铜圈围成开光，其内绘不同颜色的盛开菊花各一朵。开光外绘彩色折枝菊花枝叶，流与把手绘图案式菊花。底白地书蓝色"康熙御制"双圆框双竖行楷书款。

该器形制端庄稳重，比例适度，线条流畅。此造型在画珐琅器发展史上首次出现。换言之，它是康熙时期首创器型，其后出现的与之相同或相近的造型，则是以此为雏形演变发展而来的。

康熙珐琅彩瓷的款识，多用胭脂色或蓝色珐琅料书写，一般为4字楷书"康熙御制"。个别器底为刻款，款识多写在方栏或双圈线内，字体结构严谨。

如康熙黄地开光珐琅彩花卉纹碗，高6厘米，口径10.8厘米，足径4.4厘米。碗撇口，弧腹，腹部略下垂，圈足。碗里

■ 清代錾胎珐琅方水丞

■清代画珐琅喜字盒

光素无纹饰。外壁用黄地开光珐琅彩做装饰。黄釉地上有4个花瓣形开光，开光内以松石绿釉为地，彩绘牡丹与菊花。

开光外绘折枝莲花纹。圈足内施白釉。外底署红料彩楷书"康熙御制"双行4字款，外围红料彩双方栏。此碗所绘纹饰工整细腻，画面色彩鲜艳夺目。

康熙早期的画珐琅器，胎壁制造厚重，器体较小，主要为一些炉、瓶、盒、盘之类，比较单调。作品用笔飘逸洒脱，但不甚工整，颜色品种也不够丰富。珐琅施用浓厚，光泽度差，表面欠平整，且砂眼较多。

珐琅釉的主要成分是矽酸盐类。需与不同材质的胎体结合，因此在制作技术上要兼顾釉与胎两者的理化性质。就是说，这些釉至少应调配到膨胀系数比胎质的小，同时熔点比胎质的低，才能完整地附着在器表以增添器皿的美观。

如康熙景德镇窑画珐琅荷花水丞，高4.6厘米，腹径4.7厘米。此器为铜胎，敛口墩形水丞。

■清代铜胎画珐琅瓶

■ 清代铜胎画珐琅人物盘

器内外均施湖蓝略透明之釉，部分隐约露胎，器外表绘红白荷花数枝，荷花边立有一对鹭鸶，其中一只昂首回目张望，另一只则做低头觅食状。画面疏朗清新而富有变化。色彩雅丽悦目。水丞镀金，器底微内凹，光素无纹无款。根据纹饰风格及色釉堆砌而凸出画面的现象，应是康熙早期时的作品。

大约在康熙五十五年，即1716年前后，广州和欧洲的画珐琅器制作匠师先后进入内廷，参与指导和制作包括瓷胎在内的各种胎质的画珐琅器。

这一时期的画珐琅器，充分显示出薄、平、光、艳、雅的画珐琅器特点。珐琅质地细腻洁净，涂施均匀，表面打磨平整光滑，基本无

珐琅精工

珐琅器与文化之特色

■ 清铜胎画珐琅大碗

砂眼，色泽艳丽明快，颜色丰富，达10余种。

作品除白色地以外，更为盛行以黄色珐琅为地，具有浓重的皇家色彩。画面用笔工致，如工笔重彩画，更具图案性效果，内容题材以表现富贵吉祥的写生花卉为主，早期那种飘逸洒脱的用笔方法已销声匿迹。

金属胎珐琅器是一种集金属制作与珐琅釉料加工处理为一体的复合型工艺制品。它既具备金属贵重、坚固的特点，又具备珐琅釉料晶莹、光滑及适用于装饰的特点。

如康熙画珐琅十六瓣花式凤纹盘即为铜胎，盘口折成平台式，白地绘蓝色卷草纹，矮立的盘壁，内绘各色草叶纹，外饰各色螭纹，盘心中央渲染红色图案花，8只祥凤满布黄地的盘面；盘背白地，中央书褐色"康熙御制"双圆框双行楷书款，周围放射出8片卷叶纹，用褐色勾叶形及叶脉，以黄、蓝色釉渲染。

器形美观，釉料色阶变化多而光洁，画面层次分明犹如珐琅彩瓷，应为康熙晚期画珐琅技艺发展成熟阶段的作品。

该盘器形美观，釉料色阶变化丰富，画面层次分明与珐琅彩瓷相同。凤纹盘的中央渲染一朵图案花，8只祥凤展翅向外盘旋；盘背也自中心向外放射出8片卷叶纹，立壁的内、外也分别满饰各色草叶及螭纹。线条流畅，使祥凤充满动感。

凤纹盘既是非常精美的陈设器，自然也兼具实用的功能。

康熙珐琅彩瓷和铜胎珐琅器一样多做色地装饰，少见白地画珐琅者。常见色地有红、黄、蓝、紫、绿、胭脂等色。纹饰以缠枝牡丹、菊花、虞美人、折枝大朵花卉及团花中心加寿和开光花卉等为主，画

珐琅精工

珐琅器与文化之特色

开光 又称开窗，为瓷器装饰构图方式之一。即在器物的显著部位以线条勾勒出圆形、方形等形状的框架，框内绘各种图案，起到突出主题纹饰的作用。这种装饰方法如同古建筑上开窗见光，故名。南宋吉州窑、金代耀州窑及金、元磁州窑等瓷器上普遍采用开光装饰。元、明、清景德镇瓷器上大量运用开光技法装饰画面。开光装饰技法使器物更具有整体性、连续变化的美感。

工严谨细腻，具有图案化的效果。

如康熙黄地珐琅彩牡丹纹碗，高7.2厘米，口径15.2厘米，足径5.7厘米。碗敞口，口沿下轮廓线缓收，腹部微丰，圈足。

碗内光素无纹饰。碗外以黄彩为地，其上以粉、蓝、绿、紫、藕荷等色彩绘8朵盛开的牡丹花。碗底蓝料彩方框内楷书"康熙御制"双行4字印章款。

此碗的绘画技法已经改变了铜胎珐琅器规矩，呆板的风格而趋于生动写实。其洁白细腻的胎质，莹润如玉的釉面，明快艳丽的色调以及精湛绝伦的绘画技巧充分体现出皇家宫廷御用器之精美。

蓝地者如康熙蓝地珐琅彩缠枝牡丹纹碗，高5.2厘米，口径11厘米，足径4.4厘米。碗敞口，深弧壁，圈足。内施白釉，外壁用蓝地珐琅彩缠枝牡丹纹做装饰。足内施白釉，有胭脂彩双方栏"康熙御制"图章式款。

此碗在宝石蓝地色的衬托下，以紫红、金黄、草绿色绘就的缠枝牡丹显得格外娇美，具有康熙朝珐琅彩瓷器的典型特征。

其他地色器物也很丰富，如康熙紫红地珐琅彩缠枝莲纹瓶，高13.2厘米，口径4.4厘米，足径5.4厘

■ 珐琅彩牡丹纹碗

米。瓶撇口，细长颈，扁圆腹，平底无釉，里施白釉。

通体饰珐琅彩，紫红地，蓝、白、黄彩料绘画纹饰，颈部饰变形蝉纹，中间连以变形小蝉，腹部饰折枝莲纹。底部方栏内刻楷书"康熙御制"4字款。此器是珐琅彩瓷器初创时期的一件佳作，其效果颇似铜胎画珐琅，风格朴实凝重。

类似还有康熙珐琅彩胭脂红地四季花卉纹碗，口径12.3厘米，碗撇口，深弧壁，圈足。内施白釉，无纹饰，外壁在涩胎上以胭脂红彩做地，设3个花形开光，开光之间隔以折枝花纹。

3个开光内均以黄料彩做地，各绘牡丹花一朵。圈足内施白釉。采用开光技法装饰是康熙珐琅彩瓷器的特点之一。

康熙后期的画珐琅，充分显示出画珐琅器薄、平、光、艳、雅的特性，胎骨由试制阶段的厚重逐渐趋于轻薄，釉质温润细腻。器型种类增多，除碗、盘外，常见唾盂、香盒、花瓶、鼻烟壶、手炉等生活用品，同时，还用画珐琅技法仿造宣德炉。

唾盂也就是人们常说的痰盂，宋代

■ 清代画珐琅缠枝莲纹葵瓣式盒

孟元老的《东京梦华录·十四日车驾幸五岳观》："执御从物，如金交椅、唾盂、水罐、菓垒、掌扇、缨绋之类。"

明代王圻的《三才图会·唾壶唾盂图考》："元，唾壶唾盂皆以银为之，有盖，涂以金。今制，皆以黄金为之。壶，小口巨腹。盂，圆形如缶，盖仅掩口，下有盘，俱为龙纹。"

清代画珐琅瓶

清康熙画珐琅瓜瓣花卉唾盂，是清代画珐琅中的典型作品，花纹细腻，胎体厚重。铜胎，侈口、削肩，垂腹大圈足瓶。器内施浅蓝釉，外表黄地，颈绘图案花叶，瓶腹绘牡丹花叶三朵。

底白地书蓝色"康熙御制"双方框双行楷书款，唾盂瓶腹绘饰牡丹花叶以浅色凸显花卉轮廓，至花心颜色渐深，花叶脉络则以深色线条描绘，细致美观。

清山水人物纹鼻烟壶

而康熙御制铜胎珐琅花卉图鼻烟壶应是康熙时较早的作品，为内府所制，数量极少，传世只有13件，此壶是当中唯一带有原装珐琅盖的一件，非常珍稀。其图饰自然淡雅，一面绘玫瑰牡丹摇曳生姿，色泽绝美；另一面绘天竹，以及寓意吉祥的万寿和蟠桃纹饰。此壶为当时法国画师所绘。

釉色增多，颜色纯正鲜艳，图案清晰，显示出烧造画珐琅的技术已达到较高水平。作品多以黄釉做地，黄釉呈明黄的色调，釉色光泽亮丽洁净的程度，可居三朝之冠，亦有少量白釉或淡蓝釉为地者，上压红、粉红、绿、草绿、宝蓝、浅蓝、赭和紫等彩釉；黑色开始启用，但色涩而无光泽。

装饰纹样以写生花卉及图案式花卉如缠枝花卉、折枝花等为主，也有极少许传统山水风景。花卉主题为玉兰、牡丹、茶花、桃花、荷花、梅花与菊等。花间有的还缀以蝴蝶、蜜蜂、锦鸡、鸟等，增添了画面的活力。

画珐琅开光鸟兽菱花形手炉和画珐琅开光鸟兽椭圆手炉，出自清朝宫廷造办处，是难得的景泰蓝制品。菱花形手炉高17厘米 腹宽14.9厘米 腹长17.1厘米，铜胎镀金。通体四瓣菱花形，提梁弯折成菱花形线条，炉内置一铜炭盆。

盖顶平，镂空呈连续卐纹图案，盖侧饰折枝花卉纹。肩部饰花叶边饰，腹部设四个菱花形开光，内饰三羊开泰及花鸟图案，开光图

蟠桃 神话中西王母娘娘做寿，设蟠桃会款待群仙，所以一般习俗用桃来做庆寿的物品。送寿桃是我国传统习俗之一，象征着晚辈对老前辈的孝敬，每当老年人过生日时，做儿女的都要送寿桃给老人，以祝老人健康、长寿、幸福。而旧时人们认为老人吃了寿桃会变年轻进而长寿。

■ 画珐琅开光鸟兽椭圆手炉

■ 清掐丝珐琅花纹手炉

案两两相对。开光外浅绿釉地，间饰折枝花卉纹、蝠纹和桃纹，寓福寿之意。

用火取暖，是先民们早就发现的，古人将火种放进陶器具内，称为"火炉"，在古诗文中常有描述。唐代诗人白居易曾写诗道：

绿蚁新醅酒，红泥小火炉，
晚来天欲雪，能饮一杯无？

手炉是冬天暖手用的小炉，是在火炉的启示下演化而来的。手炉的起源，相传产生于隋代。

隋炀帝南巡到江苏江都，时值深秋，天气寒冷。江都县官许伍为拍皇帝的马屁，叫铜匠做了一只小铜炉，放进火炭，献给炀帝取暖。炀帝十分高兴，捧在手上，便称之为"手炉"。

手炉多为铜制，是我国古代宫廷和民间普遍使用的一种取暖工具，与脚炉相对。因可以捧在手上，笼进袖内，所以又名"手""捧炉""袖炉"；炉内装有炭火，故也称"火笼"。

■ 掐丝珐琅象纹手炉

手炉由炉身、炉底、炉盖、提梁组成，自唐朝始创，到明朝中后期，手炉工艺达到炉火纯青的境界。清末，手炉工艺开始衰落。

手炉有八角形、圆形、方形、腰形、花篮形、南瓜形等，大部分是由紫铜、黄铜、白铜制成，也有少量珐琅或是瓷器制品。在手炉制作工艺中，最吸引人的当属花纹纷繁的炉盖。

作为散热区，镂空雕刻的炉盖有五蝶捧寿、梅兰竹菊、喜鹊绕梅等众多纹形，跟炉身的福禄寿喜、花鸟虫鱼、人物山水等花纹相得益彰，从一个侧面反映了传统民俗文化的博大精深。

■ 清代景泰蓝花瓶

康熙晚期的绘画技法，图案式的花卉是以浅色凸显花瓣的轮廓，至花心渐深，并以深色的线条细致地绘饰花叶的脉络；相反地也有以深色细线精确地勾勒出花瓣和叶片形状，再以晕染的方式表现出整体的形状与颜色。

写生花卉部分也采用恽寿平、蒋廷锡的没骨花卉绘画技法，至于传统山水则具王石谷、王原祁的绘画风格。画风极细腻，色彩谐调。

新兴的画珐琅色彩鲜艳明快，豪华富丽，深得康熙皇帝的赏识，凡精美之作，在器物上署"康熙御制"款。从文献记载中可知康熙对画珐琅器的浓厚兴

隋炀帝（569—618），即杨广，是隋朝的第二个皇帝。隋文帝杨坚、独孤皇后的次子，581年立为晋王，600年立为太子，604年继位。他在位期间修建大运河，营建东都洛阳城，开创科举制度，亲征吐谷浑，三征高句丽，因为滥用民力，造成天下大乱直接导致了隋朝的灭亡。《全隋诗》录存其诗40多首。

趣，他不仅命西方传教士画家和宫廷内画家来珐琅处画珐琅器，还从法国招来烧画珐琅的匠人为其服务。

但所有绘画都必须符合皇帝的旨意，皇帝不喜欢西洋油画的风格，所以，康熙时的画珐琅都保持着我国传统绘画的特点。

珐琅精工

珐琅器与文化之特色

如康熙景德镇窑画珐琅桃蝠纹小瓶，高13.5厘米，口径4.1厘米，足径4.1厘米。此瓶为铜胎。敞口，束颈，鼓腹，圈足，口边、足边均铜镀金一周。小瓶通体白色珐琅地上画通景福寿图。

颈部饰乳白色的流云，有两只红色蝙蝠在缭绕的白云中盘旋，腹部涡旋的流水旁有低矮的石头，石旁生长着繁茂的绿色竹叶，石缝中长有一株古老的树干，老树的枝头又分成两杈，每个枝干上结出丰硕的桃实两颗，桃树叶似在微风中飘动，有4只红色蝙蝠在树间飞舞嬉戏，蝙蝠、寿桃组成寓意"富寿"的吉祥图案。

瓶的圈足内白地，中心宝蓝色双方框内有"康熙御制"的楷书款。此瓶所绘图案舒朗清逸，曲劲有力的树干，树杈以黑色釉皴染而成，具有真实、自然

的立体效果。天上的流云与地上的小河互相呼应，飞动的蝙蝠与熟透的鲜桃动静结合，组成了一幅具有祝福意义的吉祥图案。

这件小瓶是康熙时期绘制、烧造最为精美的一件佳作。康熙皇帝既非常重视与外国交流沟通，又特别常识廉臣，他曾当面褒赞于成龙为"今时清官第一"，并"制诗一章"表赐白银、御马以"嘉其廉能"。

因为"荷"与"和""合"谐音，"莲"与"廉""连"谐音，中华传统文化中，经常以荷花即莲花作为和平、和谐、合作、合力、团结、廉洁等的象征；以荷花的高洁象征和平事业、和谐世界的高洁。因此，某种意义上说，赏荷也是对中华"和""廉"文化的一种弘扬。

阅读链接

画珐琅起源于法国，于16世纪由欧洲商人及传教士经广东传入我国，最早在广东制造，广东称作"烧青"或"广珐琅""洋珐琅"。

这种异常精美的工艺一进入我国便受到皇帝的喜爱与重视，清朝康熙、雍正、乾隆三帝皆于北京皇宫造办处及广东两地设立珐琅作坊，并多次从广东选送优秀画珐琅工匠进京效力，大量生产珐琅，所做珐琅制品皆供皇室享用。

风格独特的雍正时珐琅器

雍容华贵的珐琅彩问世，虽与"康熙盛世"有关，但与雍正的关系更为重要。

雍正登基后，对社会进行了一番改革，大大提高了景德镇制瓷艺人的社会地位。而且雍正酷爱精美绝伦的瓷器，经常对宫廷瓷器加以评价，亲自过问，并派得力的官员去管理瓷业生产。

康熙、雍正年制作珐琅彩时，先在景德镇官窑中选出最好的原料烧制成素胎送至宫廷，由宫廷画师加彩后在宫中进行第二次入低温炉烘烤而成。

雍正时期也是金属胎珐琅器发展的重要阶段，从清宫造办处《各作成做活计清档》中来看，

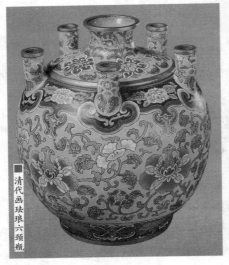

清代画珐琅六颈瓶

雍正朝烧制的金属胎珐琅器中，只有掐丝珐琅和画珐琅两种。

由于雍正皇帝不喜欢掐丝珐琅，在"造办处"档案中，雍正元年至七年制造掐丝珐琅器的记录比较集中，此后仅见雍正十年做花瓶、炉、蜡台的一份记载，这或许是由于烧造水平始终不如意的缘故吧！

但据"造办处"档案记载，这个时期设有"珐琅作"，并有制造掐丝珐琅器和仿制"景泰珐琅瓶"的记录。仿制技术水平亦很高。清宫造办处《各作成做活计清档》记载：

> 雍正六年五月初五，据圆明园来帖内称：本月初四，怡亲王郎中海望呈进活计内奉旨……其仿景泰蓝珐琅瓶，花不好，钦此。

这种情况说明，其作品的艺术风格同其后的乾隆时期已无大的差异。

雍正时期的掐丝珐琅器有款识的只有一件珐琅豆，风格近似康熙匀丝浓珐琅，出现了清代掐丝珐琅史上的一个低谷。

该珐琅豆全称为"清雍正掐丝珐琅凤耳豆"，高

雍正 清世宗爱新觉罗·胤禛的年号，雍正帝是清朝第五位皇帝，入关后第三位皇帝，在位时期，平定了罗卜藏丹津叛乱，设置军机处加强皇权，实行"改土归流""火耗归公"与"打击贪腐"等一系列铁腕改革政策，对康乾盛世的连续具有关键性作用。

■ 黑地珐琅瓶

10.1厘米，口径7.1厘米，腹径8.8厘米，足径4.6厘米。铜胎覆盏式的盖，盖顶有唇口圆盘式钮，盖与器身合组成球状器腹，器侧镶浮雕式镀金凤首衔环耳，环饰掐丝云纹，高足。

凤耳豆的器内光素，器表除盖、腹与圈足上装饰六圈掐丝回纹外，其余满饰大小圆圈纹，填墨绿色釉，圆圈大小整齐划一，紧密排列，器型线条优美，掐丝工整，可谓精美绝伦。是落雍正款的唯一掐丝珐琅器。

豆底镀金阴刻"雍正年制"无框双行仿宋体款。器形仿自东周青铜器中盛食物的"豆"，覆盘式的盖，盖顶有圆盘式的环钮，盖与器身合组成球状器腹，器侧镶浮雕凤首衔环耳装饰，作为陈设器或盖盒；将盖子打开仰置，与器腹一样，可当盛物的盘子。

此掐丝珐琅凤耳豆，器形俊秀玲珑尔雅，掐丝粗细均匀，纹饰独特，布局紧凑，盖与器身接合精确，制作精美绝伦，可说绝无仅有，系海内孤品。

雍正时期是画珐琅生产逐渐兴盛的阶段。雍正皇帝对新兴的画珐琅情有独钟。客观上刺激画珐琅的生产，数量增多，式样不断翻新，图案、釉色有新的发展和变化。

■ 紫地莲花纹瓶

珐琅精工

珐琅器与文化之特色

装饰图案除缠枝花卉外，仍以草虫、花鸟为主要题材，寓意吉祥的图案显著增多，往往以西洋式的花叶纹或图案式的西番莲及荷花为锦地，配合画传统的四季花卉、竹石、鸟鹊等吉祥纹饰；器形的式样多，例如圆、椭圆、桃形和不定形等。

画风极细腻，但有些纹饰则过于烦琐。釉色以黄色为主，黄釉呈杏黄的色调，色感厚而光泽差。还出现了新的釉色。

■ 雍正时期画珐琅鼻烟壶

特别是以黑色为地、上压彩色花纹的作品是前所未见的，这种黑釉是雍正时期烧成的，所以格外受到皇帝的青睐，即使烧制其他彩釉作品，在局部也可看到绘制黑釉花纹的现象。这种运用黑釉的手法是其他时期罕见的。

雍正年间的珐琅工艺的突出成就是自行研制成功了新的珐琅色釉20余种，极大丰富了珐琅色釉种类，为乾隆时期的金属珐琅工艺的全面发展奠定了坚实的基础。

雍正时，画珐琅的生产走上了成熟、规范化的发展道路。在此基础上画珐琅器继承并发展了康熙晚期薄、平、光、艳、雅的风格特点，制作工艺日臻成熟和完善。雍正朝画珐琅有自己比较显著的特色。

首先是雍正时期风格独特的器物造型，雍正时

豆 我国新石器时代的陶器名，像高脚盘，本用来盛黍稷，供祭祀用，后渐渐用来盛肉酱与肉羹了。作为礼器常与鼎、壶配套使用，构成了一套原始礼器的基本组合，成为随葬用的主要器类。

的画珐琅器与同时期的瓷器、漆器一样，胎体制作规整，造型轻盈秀丽，雍正时期的画珐琅器仍以小型器物居多，以鼻烟壶为大宗，造型工整别致，釉色亦鲜亮。

而且器型多有创造，例如乌木把手执壶、云纹穿带盒、带托香插、卤壶、多层式烛台、天球式冠架、筒式熏炉、八宝法轮、六颈瓶、多孔式花插、仙桃式洗、渣斗

及双桃水丞等仿植物造型的仿生作品等新的器物造型都是在此时期创造的。

清雍正画珐琅乌木把手执壶，高16.8厘米，最宽16.4厘米，铜胎，乌木盖钮，双层圆冠式盖，与乌木把手以转轴相连，压下按钮即可开启；梨形的壶身，壶流自腹面伸出的方向与把手呈90度，流口有镂成浅浮雕式对凤的流盖，矮圈足。

壶盖上层黄地饰如意云头纹、转枝花叶，下层黑地绘装饰图案花叶；壶身满绘各种花叶，底白地饰枝叶，中央蓝色双圆框内书红色"雍正年制"双行楷书款。

此壶的形制和纹饰的式样均与传统的不同，显然是受西洋文化的影响；乌木的把手和盖钮，与明亮的黑釉相呼应，充分地表现出雍正朝画珐琅的时代特色。

壶的纹饰也受到西洋文化的影响，无论是花叶或图案式的番莲均与传统式样迥异；明亮的黑釉与黑色的把手和盖钮相呼应，器形设计与彩色搭配，均巧思独具。

而且该执壶的形制与传统的不同，显然是受西洋文化的影响，兼具实用及装饰的功能。以画珐琅工艺制造宗教法器始于清雍正时期。如清雍正画珐琅八宝纹法轮高22厘米，底径10厘米。

法轮为轮形，镂空8辐，辐两面以珐琅彩绘轮、螺、伞、盖、花、罐、鱼、肠八宝纹，毂绘菊花纹，轮外缘装饰云头式和叶片式齿各4，下置莲花瓣圆底座。座底书蓝色楷书"雍正年制"4字款。法轮即八宝之一，此器之上又以八宝纹作为装饰，设计奇巧。其造型别致，工艺细腻，为雍正时期画珐琅器的代表作。

雍正铜胎画珐琅双桃式水丞高7.5厘米，最大口径6.2厘米。水丞为双桃形，由一大一小两个桃形组成，大桃有圆形口，其内可盛水，作文房用具。小桃装饰在大桃之侧。两桃由古铜色的铜树干

■ 清代画珐琅山水人物梅瓶

相连，似同一树干上结出的两个果实。

水丞的颜色亦如刚刚成熟的桃子，呈果绿色，到桃的尖部渐渐晕染成粉红色，桃上点缀有绿色的桃树叶，两只红蝙蝠栖息于桃实上。双桃上绘以双蝙蝠，即组成了寓意"福寿双全"的吉祥图案。大桃的底部写有黑色珐琅"雍正年制"楷书款。

以桃的形状做水丞，构思巧妙，新奇，无论其造型、色彩，均以自然界中的桃为参照物，形象极为生动。其弯曲盘绕的树干，似百年的老树结出新嫩的果实，珐琅釉细腻而光润。这件作品反映出雍正时期精湛的工艺水平。

御制描金双耳珐琅彩瓶，全名又叫作"清雍正御制描金双耳珐琅彩瓶"，此瓶高17.8厘米，而且珐琅彩颜色极为丰富，一改康熙时只有花卉的单调图案，有很多绘画在其中，包括花鸟竹石和山水，而且彩画中题了很多的诗词，绘有迎首及压脚章。

在珐琅彩作品中，在一副瓷器上集诗、书、画、印为一体是非常少见的，而且该彩瓶还采用了油画技法堆垛料彩，立体感非常强，另外诗词对仗工整，书法极精湛的题句及朱白相应的图章，堪称艺术珍品。

■ 清代画珐琅葫芦式瓶

雍正时期的画珐琅器，有其标新立异的色彩处理方法，在珐琅釉料的色彩处理方面，除了继承康熙时期以黄色或白色等珐琅料做图案地色之外，并推陈出新，有所突破。

比较盛行一种以黑色珐琅釉料任，衬托纹饰图案，从而在器物表面形成一种貌似黑退光漆艺术效果的画珐琅器装饰方法。

雍正帝一向钟爱沉稳庄重的黑色，因此黑色成了雍正时期的流行色，黑漆的光泽亮丽超越康、乾两朝，使用普遍，是此时期的一大特色。

■ 清代画珐琅黑地白梅花鼻烟壶

内务府造办处记载，雍正皇帝曾于1729年，因见洋漆万字锦绦结式盒，旨谕造办处烧制黑珐琅盒。因此黑色珐琅彩釉的烧制，似与东洋漆器有关，是雍正朝画珐琅的一大成就。

这件雍正画珐琅云纹穿带盒，高13.3厘米，口径8.3×3.8厘米，亮丽光洁的漆黑地釉上绘饰五彩祥云，图案虽简单但效果突出，可视为雍正朝黑釉珐琅器的代表作。扁椭圆式双层盒，盖与盒身两侧附穿钮以黄绦穿连成一体。底略内凹，白地绘蓝色卷草纹围成长方形框，内书红色"雍正年制"一行宋体字款。其形制上与日本人盛药的根付及印盒很相似，显然受

蝙蝠 由于蝙蝠的"蝠"字与福气的"福"字谐音，因此在中华文化中，蝙蝠是幸福、福气的象征，蝙蝠的造型也经常出现在很多中华传统图案中，如"五福捧寿"就是五个艺术化的蝙蝠造型围绕着一个寿字图案。

雍正铜胎画珐琅黑地牡丹纹鼻烟壶

到东洋风格影响。

再如雍正铜胎画珐琅黑地牡丹纹鼻烟壶，是雍正时期画珐琅中的最多见的珐琅作品，因为画珐琅做工要求非常高，所以经常会听人们说画珐琅无大器。

这件画珐琅鼻烟壶呈荷包形状，高5厘米，是扁圆体样式，比较特殊的就是它通体用的都是黑色釉料做底色，两面各有一朵盛开的牡丹花，花的色彩纯正艳丽，花叶层次分明，生机盎然。

盖子则是添加最常用的宝蓝色釉料，并且连接着一个象牙的小勺，雍正时期的画珐琅中用黑色做底色的作品虽然是其独创的，但是数量并不多，而这件更是其中的精品。

雍正朝的画珐琅釉色花样翻新，它具体表现在使用进口的西洋珐琅釉料的同时，还自行试制并烧炼成功了新的珐琅色釉近20种，极大地丰富了珐琅釉料的颜色品种。在雍正六年，即1728年《造办处各作成做活计清档》中记载了宫中作

珐琅精工

珐琅器与文化之特色

清掐丝珐琅灵芝花瓶

坊新试制珐琅色釉的情况：

　　新炼珐琅料：月白色、白色、黄色、
浅绿色、亮青色、蓝色、松绿色、亮绿色、
黑色，以上共九样。

　　新增珐琅料：软白色、秋香色、淡松
黄绿色、藕荷色、浅蓝色、酱色、深葡萄紫
色、青铜色、松黄色，以上共九样。

可见当时对珐琅器的制作十分重视，不断地试制新的珐琅釉色。遗留至今的一些精美作品不仅反映出当时精湛的画珐琅制作工艺水平，而且与珐琅釉料烧炼工艺的进步和颜色品种的丰富不无关系。

如雍正画珐琅六颈瓶，高11.6厘米，最大口径4.9厘米。瓶侈口，长颈，圆体，管钮形盖，肩部另出5枝细长圆管颈，连盖中央之颈口共6颈，故名。

盖为黄珐琅地，饰紫、藕荷、浅绿、蓝、红色5朵折枝宝相花。肩施宝蓝地，周边细颈下绘如意头，间饰红折枝花。瓶身黄珐琅地饰缠枝宝相花，红瓣，宝蓝心，浅绿蕊，衬托以绿叶。足部黑地饰红色折枝菊花。足底中心双蓝线方框内署楷书

■ 雍正画珐琅六颈瓶

"雍正年制"双行4字款。

此六颈瓶图案描绘工整，花卉排列整齐有序。在珐琅地色的设计上，使用了黄色及当时流行的黑色。纹饰中又做了白、青、蓝三色退晕处理。

此瓶整体设色清晰鲜明，色彩对比强烈，绚丽而又和谐。图案花纹用笔细腻，制作工艺考究，造型新颖独特，是清雍正时期画珐琅器中的新器形。

再如一件画珐琅梅雀图印盒，也是雍正年间珐琅器颜色搭配的一件典范精品，印盒高4.8厘米，口径是10.3厘米，算是清代画珐琅中的大器了。

整体器形圆润饱满，以尊贵的黄色为底色，凸显皇家制品的大气磅礴，四周花纹以不同色彩的菊花做纹饰，线条流畅，上部开光画是两只喜鹊站在眉枝上，寓意"喜上眉梢"。此件画珐琅印盒做工精致，颜色搭配巧妙，是清代画珐琅中的典型之作。

雍正时期的画珐琅器装饰纹饰具有鲜明个性，其装饰纹饰具有一定的格式，它往往以西洋式的花叶纹或图案式的番莲及荷花为锦地，配合画传统的四季花卉、鸟鹊、竹石等吉祥纹饰的开光；开光的式样很多，例如圆形、桃形和不定形等。

如雍正景泰蓝凤纹大盘，此景泰蓝大盘的直径有42厘

■ 清代掐丝珐琅出戟

■清代掐丝珐琅带盖梅瓶

米，盘圈足略微有些外撇，景泰蓝盘壁外敞，唇口，所以略显平敞。盘形非常大而且也很周正，铜质厚重也缜密。

盘底的画面是以冰梅纹饰装饰的，外壁的景泰蓝画则是西番的莲花纹，盘口是用的回纹装饰，内口沿为如意云头纹，主体画是盘子中心的两对红两黑凤纹，空间是以西番莲纹填充的。这件景泰蓝盘的整体纹饰层次细密，珐琅色泽典雅华丽，是雍正时期景泰蓝精品，特别的难得。

一件雍正掐丝珐琅海棠式瓶器形设计别具一格，整个瓶体立体的组成一个海棠花形，富于观赏性，而且图案也是饰以蝙蝠和寿字，来寓意福寿无边。

该海棠花式瓶分为口、颈、肩、腹及圈足五个部分，皆呈四瓣海棠花的形状。口缘外翻金。颈部突出部分以绿色为地，饰以黄色花纹。

肩部饰蓝色云状莲花瓣一圈。腹部凸出部分的上方以宝蓝色为地，饰以黑色的蝙蝠，以及中间的寿字。凸出部分的下方以天蓝色为地，宝蓝色双戟纹。

雍正皇帝一生笃信佛教，因此在他主政期间，大兴佛教，而且他还经常跟臣子们宣称"佛、道、儒三教一体"的观念，所以

■清代填珐琅五供

这一时期产生了很多佛教、道教体裁的珐琅器物。

如这件珐琅彩飞天，外表看起来晶莹雨润，把珐琅釉料的色调发挥到了极致，此款珐琅彩飞天摆件的造型是以莫高窟中的壁画为原型的，飞天仙女的发髻高耸，长裙裹脚，巾带飘逸，手执花盘和花朵凌空飞舞，神情专注，似有超然尘世、凌空腾飞状。

珐琅彩飞天色彩鲜艳、明丽、非常有质感、并且可保持长久不褪色，而且珐琅彩表面光滑有玻璃质反光感，有时还可反射蛤蜊光，具有极高的观赏价值。

道家人也称"五供"为"五献"，在清朝时期，按照宫廷要求，五供就是一个香炉、两个花觚、两个烛台。这五供在清朝是非常受重视的。

如雍正盛京景泰蓝"五供"之一珐琅烛台，是流传下来景泰蓝精品之一。佛教的五供包括一对蜡台，一对花觚，还有就是五供之中唯一不成对的香炉，香炉是焚香的用具，被供养在佛像之前，是比丘十八物之一。

如一件景泰蓝香炉的造型是典型的三足形，左右两侧分别有一个大的耳饰，上有细纹饰，该景泰蓝香炉的三足、炉体和上盖都由景泰蓝画覆盖，非常典雅庄重，这件珐琅香

■ 清代錾胎珐琅牺尊

■清代景泰蓝香炉

炉一直收藏于沈阳故宫中，是清朝精品景泰蓝之一。

佛教中五供中的花觚常是一对，而花觚又叫作花插，是插花供佛的工具。有一对景泰蓝花觚的造型很独特，上口大，比较方便将鲜花插入花觚中，中部是一个圆肚用一组景泰蓝花瓣的花纹装饰，底部略大，这样才能够使得整个景泰蓝的重心比较偏下，更加稳牢。

同时，从景泰蓝花觚也能够看出清朝对佛教的重视程度是非常高的，因为景泰蓝在清朝前期是非常珍贵的御用品。

雍正时，对藏传佛教，也就是喇嘛教的重视超过了以前的历代，因此在珐琅器中，也融入了一些藏传佛教的成分。

如雍正画珐琅铜胎蟠龙瓶，器形即仿自喇嘛教的藏草瓶。该瓶高21.3厘米，足径8.8厘米，重1183.7克。折沿口呈车轮式，平肩，敛腹，肩镶二镀金正面独角花，镶金工精美的独角花尾高浮雕式夔龙。

镀金口面阴刻转枝番莲，口壁绘如意云头及花草纹。颈镶一

■清代填珐琅五供

■ 清代画珐琅盘

蟠龙 指蛰伏在
地而未升天之
龙，龙的形状作
盘曲环绕。在我
国古代建筑中，
一般把盘绕在柱
上的龙和装饰在
梁上、天花板上
的龙均习惯地
称为蟠龙。在
《太平御览》
中，对蟠龙又有
另一番解释：
"蟠龙，身长四
丈，青黑色，赤
带如锦文，常
随水而下，入
于海。有毒，
伤人即死。"

圈去地阳纹的转枝草叶为装饰重点，上方为浅蓝地画
深蓝色的转枝花叶，下方为黄地转枝牡丹；器腹明黄
地满饰各色象征福、寿、富贵的牡丹花叶及桃实、蝙
蝠、灵芝等。矮圈足镀金，器底阴刻"雍正年制"无
框双行楷书款。

蟠龙瓶整体展现出皇室用器的高尚尊贵，显然为
皇帝御用器物。器形别致，仿自喇嘛教的藏草瓶，是
非常精美的陈设器，自然也兼具实用的功能。

雍正时的画珐琅器底落款处也极富特色，许多都
在器底落款处装饰吉祥纹饰，或者用云纹、龙凤纹、
鹦鹉纹及螭纹衬托着年款，其形式别具一格。

清雍正画珐琅花鸟洗，高10.8厘米，口径14.2厘
米，铜胎，上侈下敛筒形器身，四象足。器内施浅蓝
釉，器表黄地八开光，依次绘蟠桃、葫芦、双蝠；朱
梅、白梅；竹、山茶、双蝶；禾穗、双鹤；松和山

鹊；莲花；竹、牵牛花和山鹊；双鹤、双蝠和萱草，均是象征祥瑞祈福的题材。

开光外填饰各种番莲、牡丹及五瓣花叶，四足饰番莲花。底黄地以双凤首尾相衔围成圆框，中央蓝圆框内白地书红色"雍正年制"双行宋体字款。笔洗是文房用具，用以清洗画笔或毛笔。

雍正时期的珐琅彩相比康熙时期，制作工艺和技术都有进步，并且当时已能成功生产国产珐琅料，珐琅料不管从颜色还是品种，比康熙时期都丰富很多。

所用素胎依然是景德镇御窑厂选送精品，有时也直接利用宫中的脱胎填白瓷器，以白地彩绘。彩绘图案也日趋丰富，器内器外，从花鸟竹石到山水人物一应俱全，并配有与画意相应的题诗，成为将诗、书、画相结合的艺术珍品，瓷器风格也更趋优雅。

康熙的珐琅彩瓷大多作规矩写生的西番莲和缠枝牡丹，有花无鸟，显得单调。而雍正以花卉图案居多，山水、人物也有。当时尤为突出的是画面上配以相呼应的题诗。

雍正时这些题诗的书法极佳，并于题诗的引首、句后配有朱文和白文的胭脂水或抹红印章，其印面文字又往往与画面及题诗内容相配合，如画竹

■ 景泰蓝提梁壶

的用"彬然""君子"章；画山水的用"山高""水长"章；画梅花的用"先春"章；等等。

如雍正珐琅彩题诗过墙梅竹纹盘，口径17.2厘米，双方框"雍正年制"蓝料款，所绘梅竹是典型雍正过墙花纹样，配有题诗"芳蕊经时雪里开"，为雍正年间宫廷御用器物，绘工极其精致细腻，是内府作坊绘瓷师傅的杰作。

它的梅竹纹彩绘纹饰由内壁延至外壁，即梅枝主干由器足向上延伸，跨越口沿进入盘内，其中一枝再翻过口沿回到外壁，如一幅立体画布。花枝与竹树攀越口沿，绘画细腻，内外纹饰浑然一体。盘内的题诗构思新颖大胆，绘工精美绝伦，极为珍贵。

花枝由器外延至器内称作"过墙花"，首创于明末，至清因受到帝王的喜爱而得以迅速发展。清雍正年间"过墙花"纹饰发展极盛，其工艺水平亦臻至顶峰。

清内府以"过墙花"作装饰的画珐琅瓷器大小具备，绘工精湛。

斗彩桃蝠葫芦瓶

珐琅精工

珐琅器与文化之特色

这件珐琅彩盘的"过墙花"花枝有外壁攀进器内之后再次翻出外壁，极为罕见，当属清宫内府之珍稀异品。

再如雍正过枝茶梅纹大盘，高8.5厘米，口径53厘米。从外足绘两枝硕大的茶花和梅花，由盘壁径口沿折至内壁及底，使盘的内外纹饰成了一幅完美和谐的茶花和梅花竞开的广阔画面。

画中的枝干为淡褐色，用

深褐色细线条勾描，使枝干显得更加苗壮刚劲。红色的茶花，衬以翠绿色的叶子，花心色深，花瓣向外颜色渐淡。梅花施以粉白色，花蕊点以黄色，花底以绿色为点缀。

整个画面线条纤细，层次清晰，工整严谨，布局协调，色彩富丽，光泽柔和，运笔自然流畅，具有强烈的立体感，胎质细腻洁白，施釉均匀，釉汁纯净，造型规整，形体美观。

盘底青花双圈内书"大清雍正年制"6字款。大盘底为双圈底，图有红白两种梅花，题诗"芳蕊经时雪里开"及"清香""寿古""佳丽"等印章。

阅读链接

珐琅彩的彩料还有"洋为中用"的成分。

五彩和粉彩中都不含的化学成分"硼"珐琅彩中有：珐琅彩中含"砷"；康熙前的瓷器中黄色为氧化铁，而珐琅彩中黄色的成分是氧化锑；珐琅彩还有用康熙前没见过的胶体金着色的金红。

文字上也有记载，宫中原名《瓷胎画珐琅》的档案于乾隆八年改名《瓷胎洋彩》，由此可见珐琅彩确是欧洲进口，由此更可见康熙帝国时中外文化与贸易交往的盛况。

异彩纷呈的乾隆时珐琅器

掐丝珐琅双联瓶

史料记载，乾隆四十四年除夕年夜饭，只有乾隆皇帝的餐具是景泰蓝，底下全部用瓷器。可见景泰蓝在我国历史中扮演着怎样的角色，它是身份与地位的象征，也具有深刻的历史意义及工艺。

由于乾隆皇帝本人对于金光灿烂、富丽堂皇的金属胎珐琅器倍加赏识，因此，在其制造和生产上，给予了大力的扶持，只要宫内需要，即命成套成系列地烧造，生产规模极为庞大，且不惜工本。

据档案记载，当时造办处制作了数量可观的珐琅器，包括宫廷典章用品、佛堂用品、生活用品、陈设品和文房清供以及家具、漆器、瓷器、玉器上的嵌片等。

大有高达两米以上的佛塔，小到仅几厘米的鼻烟壶、轴头，包罗万象。我国古代金属胎珐琅器的生产达到了一个空前绝后的繁荣发展阶段。

乾隆时期，掐丝珐琅继续发展，器型规整，金光灿烂，作品风格殊异，异彩纷呈。掐丝珐琅器、錾胎珐琅器、画珐琅器、透明珐琅器均得到了全面的发展。

■ 掐丝珐琅海螺

在掐丝工艺上，普遍采用双线掐丝法，并且出现了掐丝绘画相结合的装饰方法。乾隆帝非常喜爱掐丝珐琅，并命养心殿造办处珐琅作生产了种类繁多、难以计数的掐丝珐琅器。

在器型方面，与瓷器器型的时代风格相同，并出现了一些珐琅与别类材质的组合器。造型端庄华美，掐丝工整严紧，珐琅失透，温润似玉，色调典雅，光泽浑厚，形成了清代宫廷掐丝珐琅的典型风格。

乾隆时期，金属胎起线珐琅制品的烧造展现出新的繁荣景象。乾隆朝掐丝珐琅的胎子，铜质精纯，胎骨厚重，无轻飘之感，甚至有些器物用昂贵的黄金制

乾隆 清高宗爱新觉罗·弘历的年号，弘历是清朝入关后第四位皇帝。乾隆帝在位期间巩固多民族国家的发展，文治武功兼修。并且当时文化、经济、手工业都是极盛时代，他为发展清朝康乾盛世局面作出了重要贡献，确为一代有为之君。

胎；珐琅釉料均无透明感，砂眼减少，细腻光滑，珐琅釉的色彩之丰富远超过了以往任何时期。

在图案装饰上，除继承明代勾莲花的做法外，还运用仿古的兽面纹、几何纹，并将山水亭榭、花鸟虫鱼、人物故事作为装饰，追求绘画的意趣，取得了较好的装饰效果；在镀金、錾刻方面，不惜财力、工力，金色浓重，刻饰精美。

这一时期的掐丝珐琅工艺还常与画珐琅工艺相结合，并镶嵌珠宝，具有典型的金碧辉煌的皇家艺术风格。

当时，宫内造办处的珐琅生产了许多艺术水平很高的作品。广州地区制造掐丝珐琅的技术亦有新的突破；扬州地区的掐丝珐琅生产也不逊色，烧制的作品很有地方特色。

烧制大型掐丝珐琅器的技术迅速提高，数量显著增多。高大的屏风、宝座、佛塔等，都是前所未见的新成就。这种大型珐琅制品的烧造，不仅要求有大型的窑炉，而且需要控制大面积的铜胎经高温之后不会变形的技术，还需掌握釉色通体一致。

显然，烧制大型珐琅制品较之小型器物要求技术高，难度大，需要特殊的设备。乾隆时期，对于这类技术的掌握和控制，可以说达到了炉火纯青的程度。

1774年和1782年，曾烧制两批各6座高大的珐琅佛塔，分别陈设于宫廷的佛堂内，塔高均在230厘米以上，底宽0.94米，堪称乾隆时掐丝珐琅重器，为清代掐丝珐琅史的最高峰。

■ 清代铜胎珐琅香炉

塔的造型各不相同，釉色各异，图案富于变化。有的以淡黄色为地，饰彩釉缠枝、八宝纹；有的以浅蓝色为地，饰彩釉忍冬、蔓草和璎珞纹，各有千秋，色彩和谐稳定。

塔身结构严谨，结合处不露痕迹。通体釉料饱满、光润，很少砂眼。显示出乾隆时期珐琅工艺的杰出成就，也是传世珐琅制品中的珍品。

这些大型景泰蓝佛塔都是乾隆皇帝敕命烧制的，其中掐丝珐琅宝相花纹佛塔完工之后陈设于紫禁城东北部宁寿宫区的梵华楼内。

8年后，又依前6塔之规格样式烧造了6座，陈设于紫禁城西南部慈宁宫花园的宝相楼内。这两批佛塔

佛塔 是佛教的象征。佛塔最早用来供奉和安置舍利、经文和各种法物。根据佛教文献记载，佛陀释迦牟尼涅槃后火化形成舍利，被当地8个国王收取，分别建塔加以供奉。在1世纪佛教传入我国以前，我国没有"塔"，也没有"塔"字。直至隋唐时，翻译家才创造出了"塔"字，作为统一的译名，沿用至今。

气势宏伟，充分展现了乾隆时期掐丝珐琅工艺的辉煌成就。

宫廷典章用品中，还有宝座、屏风、香筒、甪端、太平有象等；佛堂用品有佛塔、佛龛、佛像、坛城、五供、七珍、八宝等。

如铜胎掐丝珐琅五岳图屏风，以紫檀木为边框，分为五扇，高近300厘米。画面以掐丝珐琅分别刻画东、南、西、北、中五岳。山峦叠嶂，青绿苍茫，气势雄伟，不愧为清宫造办处之杰作。

每扇均镶掐丝珐琅画心，画心上用不同的花鸟图案，以拟人的手法展示封建社会的伦理关系。而实际展现的则是色彩艳丽的山水花鸟画面。其间多采用晕色的技法，渲染出景物色彩的浓淡和层次的远近。

其中大量运用粉红釉色，以表现桃红柳绿鲜花盛开的春天景色，可谓气象万千。画面上的金属起线粗细运用自如，粗线条多是直接在铜胎上捶揲出来的，细部花纹则结合掐丝的方法。

按照画面需要，采取不同的起线方法，线条粗细运用灵活，流畅活泼，增强了艺术表现力。这种在铜胎上采取捶揲的起线方法，是起线技术的新发展。

一件珐琅五伦图屏风产自广

屏风 古时建筑物内部挡风用的一种家具，所谓"屏其风也"。屏风作为传统家具的重要组成部分，历史由来已久。屏风一般陈设于室内的显著位置，起到分隔、美化、挡风、协调等作用。它与古典家具相互辉映，相得益彰，浑然一体，成为家居装饰不可分割的整体，而呈现出一种和谐之美、宁静之美。

118

珐琅精工

珐琅器与文化之特色

■ 清代嵌珐琅挂屏

州，是乾隆时期粤海关官员的贡品。

如铜胎掐丝珐琅三友图屏风，亦以紫檀木为边框，分为三扇，每扇画面分别以掐丝珐琅的技法，刻画松、竹、梅图。

其色彩凝重，画意甚浓。这类珐琅制品，画面开阔，掐丝起线，釉色晕染，极力追求绘画效果，是绘画艺术与珐琅工艺完美结合的典型作品。

绚丽多彩 清代时期

■ 清代錾胎珐琅象

透明珐琅器是金属胎珐琅工艺的一种，透明珐琅器始制于清雍正年间，清中期乾隆年间兴盛。广州是当时最大的透明珐琅器烧制中心。

清乾隆年间的高温熔融硬透明珐琅器代表之一为錾胎透明珐琅面盆，高14厘米，外口径47.5厘米，内口径34厘米，面盆为铜胎，胎壁轻薄。口呈圆盘形，折边，口沿镀金，圈足。

其内外器壁均贴饰银片花纹，表面则施蓝色硬透明珐琅釉，釉质透明，银片花纹隐约可见。盆内壁亦有金片贴饰的各种八宝纹饰，折边贴饰八仙纹。金片花纹色彩斑斓，光彩夺目。

这时，还善于把古代名画家的书画作品巧妙地运用到掐丝珐琅制品中，是一种新的尝试。

五伦图 《孟子滕文公》：“君臣、父子、夫妇、长幼、朋友。父子有亲，君臣有义，夫妇有别，长幼有序，朋友有信。”五伦即五常。后人画花鸟，以凤凰、仙鹤、鸳鸯、鹡鸰、黄莺为五伦图。用凤以表示君臣之道，用仙鹤表示父子之道，用鸳鸯表示夫妇之道，用鹡鸰表示兄弟之道，用黄莺表示朋友之道。

■ 清代镀金首饰盒

鼻烟壶 简而言之，就是盛鼻烟的容器。小可手握，便于携带。明末清初，鼻烟传入我国，鼻烟盒渐渐东方化，产生了鼻烟壶。我国鼻烟壶，作为精美的工艺品，集书画、雕刻、镶嵌、琢磨等技艺于一身，采用瓷、铜、象牙、玉石、玛瑙、琥珀等材质，运用青花、五彩、雕瓷、套料、巧作、内画等技法，汲取了域内外多种工艺的优点，在海内外享有盛誉。

如乾隆铜胎掐丝珐琅明皇识马图，是以唐代大画家韩幹的《明皇识马图》为蓝本烧制的。画面上的色彩皴擦点染。乃至题跋和铃印均仿造绘画的效果。

人物和马匹的不同姿态各具传神之妙。乾隆皇帝题写的七言律诗，另作一开用掐丝珐琅烧成，笔墨转折，宛若手迹。这件作品再现了绘画和书法的原貌。

再如乾隆铜胎画珐琅配乌木圣经故事图首饰盒钟，长方形铜胎画珐琅配乌木制成，乌木色深褐。此首饰盒钟为由下而上渐次收缩的台式设计，下承方形支脚。顶端为一个拱顶方形座钟，钟盘为圆形画珐琅，二时针，盘间有一个上发条的钥匙孔。

首饰盒主体部分为对开门式设计，双门内部竖置三层带有圆形拉环的抽屉。首饰盒主体部分四棱为铜质立柱，立柱及钟顶部装饰圆雕铜质人像。首饰盒钟上下均装饰圣经故事题材的长方形珐琅画。

錾胎珐琅是早期的景泰蓝的制作方法之一，它是在一块铜板上錾出花纹的轮廓，然后在填充珐琅釉料，这种景泰蓝的制作工艺要比掐丝复杂得多了，而整个景泰蓝看起来也更加线条流畅。

錾胎珐琅"太平有象"据记载是由两广总督李

侍尧于1776年进贡给乾隆皇帝的，通高170厘米，长100厘米，宽55厘米，通体铜胎镀金。

象卷鼻垂尾，四足直立，背上有蓝黄底的鞍垫和一个宝瓶，寓意"太平有象"，象背上的垫子左右饰云龙纹，下设置束腰长方形座。

象通体为月白色珐琅地，其上捶撲起线勾云纹，而宝瓶、鞍韂、鞍垫及长方形座的花纹则用掐丝填彩色珐琅釉技法完成，故此件太平有象为"复合珐琅器"。此象为佛堂供器，共两件为一对。

掐丝珐琅生活用品数量极其庞大，有熏炉、手炉、冠架、盘、碗、盒、茶壶、杯盘、多穆壶、火锅、筷套、唾盂、烛台、花浇、鼻烟壶、铜镜等。

掐丝珐琅春字捧盒为乾隆时期的代表性作品。宝盒一对共两件，皆以铜为胎，铸造成桃形式样。胎体铸造完成后，于其上以铜丝掐成所要装饰之图腾，后再填以彩色珐琅釉而成。

此器以天蓝色珐琅釉为底色，盒盖正面有一大型桃形开光，开光内饰一聚宝盆，盆内宝物满满，释放出多道霞光，霞光之上托着"春"字，春字中心圆形开光，居中饰一寿星，两旁以衬饰松柏与文鹿。

借由"春"字与寿星，寓意"春寿"；"春"字旁装饰两只五爪飞龙，四周则以浮空彩云为

铜珐琅太平有象

■ 铜鎏金掐丝珐琅
贴蟠龙蒜头瓶

冰裂纹 也就是青瓷哥窑中的开片纹之一，又叫断纹瓷，是古代龙泉青瓷哥窑中的一个极致顶级开片品种，因其纹片如冰破裂，裂片层叠，有立体感而称之。宋代哥窑瓷器以冰裂纹为主要特征。宋以后景德镇窑历代都仿烧哥窑瓷器。现在冰裂纹的应用更为广泛，在一些餐桌的桌面、茶几的下搁板处都较常见。

饰。大型桃形开光正下缘处镌刻有"大清乾隆年制"由右至左6字楷书款。

宝盒外壁的面、盒底、宝盒内缘亦以天蓝色珐琅釉为底色，上下外壁面饰以蝙蝠彩云纹中佐暗八仙纹；盒子底部、盒子内缘上下之处则饰有冰裂纹佐梅花纹。

我国古典工艺以"春寿图"作为装饰主轴的，在各类工艺品上多有所见。其中又以明清雕漆工艺为最大宗，如明嘉靖"雕漆剔彩春寿图圆盒"、清中期"雕漆剔彩春寿图圆盒"。

似此类装饰纹饰于掐丝珐琅上出现，可说是较为罕见。

这对掐丝珐琅"春寿图"桃形宝盒体积硕大，盒上纹饰工艺高深精湛，寓意吉祥，珐琅釉色泽华丽完美，呈现典型乾隆时期珐琅工艺特色。

还有一对乾隆御制金胎掐丝珐琅缠枝莲纹龙柄多穆壶是皇家的圣器，高45厘米，胎内含金量达到了近30%，两件器物的龙柄尾部有着明显的区别，是公母之分。

据介绍，该多穆壶作为乾隆养心殿造办处制造的御用陈设，除了造型上具有浓郁的民族风格外，还体现着藏、蒙、满、汉团结的主题。

制造工艺上更是可圈可点：颈部拥有龙首鱼尾柄和龙首流；颈、腹部及盖面施天蓝色珐琅釉为地，装饰掐丝折枝莲纹，掐丝流畅，填釉饱满，釉色鲜艳且纯正；覆钵形盖，纯金宝珠钮；圈足外壁刻缠枝莲纹，与其相对的是在长方框内刻"乾隆年制"楷书款。

掐丝珐琅陈设品也有很多种：

其一是普通陈设品瓶、罐等，如梅瓶、天球瓶、长颈瓶、双连锦袱瓶、六方贯耳瓶、鸭颈瓶、双管式瓶、英雄瓶、镂空转心瓶、棕式瓶、蒜头瓶、抱月瓶、葫芦瓶等。

如乾隆景泰蓝年年有余凌云瓶，高14.1厘米，口径5.5厘米，足径6.4厘米。器皿造型来源于我国传统梅瓶，并且此景泰蓝花瓶纹饰也是取自我国传统题材。

因为莲与连同音，鱼与余同音，因此这件绘有鲤鱼与莲花的盘子

■ 清代掐丝珐琅圆盒

乾隆填珐琅镶玉葫芦瓶

就是寓意着连年有余，也就是年年富贵盈余的意思，而且此景泰蓝盘的掐丝工整，色调渐变有秩，整体图案的色彩搭配也非常协调，做工精细，色调明快，生机勃勃，寓意着人们的生活富裕、美满。

蒜头瓶其实是瓷器的样式之一，造型一般为颈细长，溜肩，硕腹，圈足，瓶口就像蒜头一样，因此而得名。清代的蒜头瓶形制趋于轻盈秀美，雍正朝有霁红釉蒜头瓶、珊瑚地粉彩花鸟纹蒜头瓶，乾隆时产有掐丝珐琅蒜头瓶等，这些工艺品都是工艺精美，风致各异，比之前的康熙朝茄皮紫釉螭耳蒜头瓶又有了长足的发展。

如乾隆铜鎏金掐丝珐琅贴蟠龙蒜头瓶，高有40厘米，在瓶子的底部有"大清乾隆年制"款识。此景泰蓝的器形规整、浑朴，雍容华贵之中又见俊雅瑰奇。

从瓶口到瓶身装饰有一个凸起的龙纹，这条龙腾云驾雾，龙眼以

珐琅精工

珐琅器与文化之特色

斗彩夔凤八吉祥盘

及爪子等部位刻画精微，周身鳞片密集，熠熠生辉，象征着帝王的权威，有夺人心魄的视觉张力。

瓶腹的开光景泰蓝画的吉祥纹样细密繁多，各有寓意。包括象征富贵的牡丹、缠枝莲纹，代表长寿的寿桃、祥鸟，寓意平安祥瑞的蝙蝠、云纹、奇兽、如意纹，以及标榜清高雅逸的书卷、蕙兰。

■ 清代掐丝珐琅葫芦

这些画面组合有序，给人的视觉冲击力十分强烈，各个图案疏密排列有致，主次分明，可以知道这个画面的创作者有着非常高超的绘画造诣。

该铜胎掐丝珐琅瓶的另一特色就是使用的珐琅釉料色彩特别地丰富，有朱、红、青、绿、蓝、紫、黄、褐、橙，冷暖对比得宜，深浅过渡自然。外加掐丝工艺的运用，越显此瓶出身高贵，皇家风范，光彩夺目。

这件景泰蓝花瓶不仅将清朝乾隆时期的各种高超的工艺结合得淋漓尽致，而且又突出了景泰蓝工艺品的特色，将珐琅的颜色也发挥到了极致，绝对是景泰蓝中的极品。

在安徽省六安县孙家岗也发现了一件乾隆珐琅彩缠枝花卉蒜头瓶，高18厘米，口径2.6厘米，足径5.5厘米。瓶口呈蒜头状，有长颈，溜肩，硕腹，圈足。瓶内壁及圈足是用绿釉做底釉。

如意纹　如意为一种器物，其柄端作手指形，用以搔痒，可如人意，因而得名。也有柄端呈心字形的。以骨、角、竹、木、玉、石、铜、铁等制成，长1米左右，古时持以指划。按如意形做成的如意纹样，借喻"称心""如意"，与"瓶""戟""磬""牡丹"等组成民间广为应用的"平安如意""吉庆如意""富贵如意"等吉祥图案。

■ 乾隆景泰蓝凫尊

罍 古代大型盛酒器和礼器。流行于商晚期至春秋中期。体量略小于彝。罍有方形和圆形两种,方形罍出现于商代晚期,而圆形罍在商代和周代初期都有。从商到周,罍的形式逐渐由瘦高转为矮粗,繁缛的图案渐少,变得素雅。

通体以金彩绘锦纹为地,其上以珐琅彩绘各式缠枝花卉,色彩艳丽。口、足、颈部饰以多道金彩,愈显金碧辉煌,华贵典雅。外底双方框内书蓝料彩篆书"乾隆年制"印章款。

乾隆景泰蓝九龙大瓶;高72厘米,径26厘米,瓶身贴鎏金9条龙纹和云纹,有着清中期景泰蓝的明显特征,大气而且精细,整个瓶浑然一体。

乾隆填珐琅镶玉葫芦瓶是非常独特的葫芦瓶造型,整件景泰蓝高61厘米,在整个葫芦形的景泰蓝表面用的是錾胎的制作工艺制作的小葫芦以及各式各样的茎和枝叶子,并且镶嵌着很多的小型的玉葫芦,有白玉、黄玉的小葫芦等。

而且更特别的是还镶嵌着五瓣红珊瑚珠制作的葫芦花。这件景泰蓝作品可以说是前无古人后无来者,用一句话概括就是:造型之巧,制作之精,让人叹为观止。

其二是仿古陈设品,主要是仿商周的青铜器,有花觚、鼎、卣、觥、簋、钟、扁壶、罍、盉、甗、尊、觯等,造型古朴,纹饰典雅。

如掐丝珐琅鼎式炉从造型到纹饰均为仿古风格,该炉通高59厘米,长39厘米,金装华饰,富丽堂皇。该器造型仿商周缶式方鼎,长方四足高束腰,形制规整，庄重典雅。

器盖镂空，鎏金摩尼珠钮，器身以蓝、红、褐、淡绿色填彩绘兽面纹，束腰饰拐子龙纹，整器辅以云雷纹等纹饰。色彩艳丽堂皇，填彩严谨细致，器表打磨精细。

再如乾隆掐丝珐琅缠枝莲纹椭圆炉。直径27厘米，高37.4厘米，炉铜鎏金，折沿边，双扳耳，三兽足，炉口饰莲瓣纹，颈处凸现回字纹，下承三足。香炉通体掐丝缠枝莲花纹，卷草莲瓣纹。

分别以红、蓝、绿、白、黄等各色珐琅嵌填烧制，露胴处施以鎏金。所谓缠枝莲纹，是以莲花为主体，以蔓草缠绕成的传统植物图案。

此炉造型小巧别致，掐丝精细，花纹流畅，釉色比较丰富透明，尤以绿色釉为佳，还保持一些元代的风格，但形式与纹饰均有变化，花筋叶脉转折流畅活泼，具有清代掐丝珐琅的特点。

足部作兽首状，面部轮廓清晰，神情生动，眉目庄严。此造型不仅在铜胎掐丝珐琅中盛行，同期的宫廷瓷器中也有其亮影，并对后朝产生较大的影响。

铜胎掐丝珐琅香炉，高71厘米，腹部直径70厘米，炉上镶有两只如意形耳，顶盖上有一只铜狮子。香炉整体从上至下绘有海

回字纹 常用纹饰，因为其形状像汉字中的"回"字，所以称之为回字纹，由单体回纹以间断排列的形式组成边饰，有的回纹呈规矩的方形，有的为减笔式回纹，有的回纹以变形手法绘制。

■ 清代掐丝珐琅熏炉

掐丝珐琅 是珐琅器品种之一，一般特指铜胎掐丝珐琅。掐丝珐琅，其制作一般在金、铜胎上以金丝或铜丝掐出图案，填上各种颜色的珐琅之后经焙烧、研磨、镀金等多道工序而成。掐丝珐琅有着五彩斑斓、华丽夺目的魅力，由于其在明代景泰年间获得了史无前例的发展，又一般多外饰蓝色釉料，故习称景泰蓝。

水纹、游龙戏珠和蓝色、绿色、红色、黄色等多种颜色组成的缠枝花卉纹饰，底足为三只兽头。在香炉上的口沿边上錾刻有"大清乾隆年制"的楷书款识。

凫尊原来指的是一种青铜酒器，而且，器形很像凫，因此而得名。《西清续鉴·绍兴古器评》："凫之为物，出入于水而不溺。……饮酒者苟能以礼自防，岂有沉湎败德之患乎？凫尊之设，其意如此。"

乾隆景泰蓝凫尊由扬州制造，铜胎镀金，凫的站立形象是卷尾立式，凫身以绿色珐琅釉为地，掐饰羽毛纹，铜镀金双爪，锤錾卷尾，凫背开一圆槽，装连椭圆形尊。尊以浅蓝色珐琅釉为地，饰勾莲纹，两侧中部有太极图。

清乾隆掐丝珐琅锦纹扁壶是清乾隆时期造办处珐琅作所制的精美之器，此珐琅扁壶高12.4厘米，口径3.8厘米，扁壶的造型也是仿战国铜器，器形独特，其釉色清纯，锦纹工整，金碧交辉。

■ 清代景泰蓝笔架

壶圆口，短颈，扁圆腹，长方形圈足，肩部饰铜鎏金双兽耳。壶身用铜鎏金錾花蔓草纹将腹部界成排列规律的长方格，格内以蓝色珐琅釉为地，掐饰红色菊花锦纹。足内镌楷书"乾隆年制"4字款。

此珐琅扁壶的胎壁厚重，金工富丽，掐丝严谨工整。引人注目的是，金光灿烂的铜鎏金錾花工艺与多彩的掐丝珐琅工艺错落有致地排列组合，立意新颖。另外陈设品还有挂屏、插屏等。文房用品有笔筒、笔架、笔洗、墨床、砚盒、仿圈、镇纸、水丞等。

清乾隆掐丝珐琅龙纹文具一组原属宫廷御用，此组文具由笔架、水丞、墨床、镇纸4件组成，是皇帝书写时用的文具。其铜胎规矩，釉色纯正，镀金辉煌，为清乾隆时期的珐琅器精品。

掐丝珐琅云龙纹文具通高在4.7厘米至15.9厘米之间，4件文具均有长方框3行楷书款识，浅浮雕式双蟠龙拱去地阳文"大清乾隆年制"。

其中暖砚为铜胎，长立方形匣，匣口卡一置砚的

卐字　是佛的三十二种大人相之一。又作万字、卍字、卐字。卐字的符号，有的向右旋，有的向左旋。在近代，右旋或左旋，时有争论。而大多数都认为右旋是对的，左旋是错的。卐字用来表示佛的智慧与慈悲无限。旋回表示佛力的无限运作，向西方无限地延伸、无尽地展现，无休无止地救济十方无量的众生。

■ 清代景泰蓝天球瓶

鼎是我国青铜文化的代表。鼎在古代被视为立国重器，是国家和权力的象征。鼎本来是古代的烹饪之器，相当于现在的锅，用以炖煮和盛放鱼肉。自从有了禹铸九鼎的传说，鼎就从一般的炊器而发展为传国重器。一般来说鼎有三足的圆鼎和四足的方鼎两类，又可分有盖的和无盖的两种。

平台，放置两方极薄的端砚，平台下方的空间可放热水或炭火余灰，可防在寒冷的冬天墨汁凝固，故称暖砚。器内露胎，器表蓝地，盖及匣四面均饰一正面蟠龙和寿山福海祥云等，匣座镌卷枝莲花。

这一组文房用具，以双龙拱"卍"字彩坠和寿山福海为共同的装饰主题；金工部分，则饰浅浮雕式转枝番莲纹。盖及匣的四面都装饰龙纹，威武的飞龙腾云驾雾于寿山福海之上，龙首朝人，五爪张扬，充分表现出龙的威猛气势。

笔山两面均饰双龙拱卍字彩坠，龙为五爪，显然是皇帝御用之物。由六条镀金龙蟠成雕塑式的钮，搭配莲瓣台座，台座底部以浅浮雕式双龙捧住"大清乾隆年制"款，皇室的架势十足。

笔架做成山峰的形状，故有"笔山"之称，毛笔搁置在两峰之间，是古来文人重要的文房用具之一。"水丞与勺"提供研墨时所需的水。

纸镇是写字画画时用来镇压纸张，避免飘动，是文房用品之一；若其下方刻上印文，即成印玺。

用掐丝珐琅工艺仿制瓷器，也是乾隆时期一种新的表现形式。铜胎掐丝珐琅制品的造型和纹饰，借鉴其他工艺门类是比较普遍的，但仿造瓷器的效果还是前所未有的。

■ 清代掐丝珐琅香炉

乾隆时期，仿造"景泰年制"款的珐琅制品增多，仿制水平亦很高。清宫造办处《各作成做活计清档》记载：

乾隆三十二年二月初四日，催长四德五德来说，太监胡世杰传旨，多宝格内着做仿古样款掐丝珐琅瓶一件、宝瓶一件、罐一件，俱要大明景泰阳纹款，先画样呈览，钦此。

于本月二十四日，库掌相永吉，将画得掐丝珐琅宝瓶纸样一张、双管瓶纸样一张、罐纸样一张，交太监胡世杰呈览，奉旨：每样准做一件，钦此。

乾隆三十二年四月二十日，接得库掌柜永吉押帖一件，内开本月十五日，太监胡世杰交掐丝珐琅象鼻腿圆鼎一件，传旨：将不齐全处收拾，再照此炉式成做一对，此炉活计金水俱好，嗣后着珐琅处官员栢唐阿人等，跟同监视匠役，镀金务要活计精工，不可怠忽，钦此。

以上清宫档案记录表明，乾隆时代重视仿造"景泰御前珐琅"，其中有的是照旧样仿制，有的则画新样制造，镌刻"大明景泰年制"款。从珐琅制品中可以看到

■ 清代金胎掐丝珐琅镶宝

■ 绿彩花卉纹碗

这类仿制品。但按照原器仿制的作品，其风格类似明代特点，而画样新作的制品，则清代特点突出。

如掐丝珐琅缠枝莲纹双环耳瓶，通体以浅蓝釉为地，以单线勾勒缠枝枝干，串联盛开的几朵彩釉大花，底镌刻"景泰年制"款。

图案风格近似明代特点，釉色纯正稳重，亦似明代特征，而没有采用清代新出现的色釉。但作品掐丝匀细规矩，填釉饱满，很少砂眼，这种过于拘谨的仿制手法，有别于原器自然流畅的艺术风格。

乾隆二十年前后，造办处档案记载仿造"景泰年制"珐琅制品的事例较多，但到乾隆三十三年以后，这种仿制活动亦很难见到了。

如乾隆铜胎掐丝珐琅云龙纹天球瓶，广腹，长颈，卧足。通体以白釉为地，掐丝起线，用浅蓝釉晕染出滚动的云纹。一条红色的巨龙，张开阔口，舞动双爪，尾巴上卷，盘旋于滚滚的青云之中，追戏一颗闪烁火焰的宝珠，气势雄伟，给人以强烈的涌动感。

技师们为了表现画面的层次，还采取了晕色技法，红色釉中略显淡紫。色彩的深浅浓淡，运用得十分熟练，立体感很强。

使人一看便知，这是仿瓷器中青花釉里红

■ 铜胎珐琅凤纹碗

珐琅精工

珐琅器与文化之特色

的效果制造的，增强了金属胎掐丝珐琅工艺的表现力。

仿制"景泰御前珐琅"也是这时造办处珐琅作的重要活动之一。乾隆皇帝很喜欢景泰珐琅，曾多次传圣旨"造办处珐琅作"官员，令其精心设计铜胎掐丝珐琅陈设品图样，器物底部需镌刻"大明景泰年制"阳文款。并要求先画样呈现览，准时再作。

遵照御旨，造办处官员很快把设计图样呈献给皇

铜珐琅三足香炉

帝，上谕"照样准做"。显然，这类仿制"景泰年制"款的珐琅作品多是按照新的设计方案制造的，同明代"景泰珐琅"的风格有明显差异。特别是釉色中粉红色的大量运用，更展露出乾隆时代的鲜明特征。

如乾隆铜胎掐丝珐琅花蝶纹天球瓶，通体以浅蓝釉为地，饰彩釉折枝花卉，多姿多彩的蝴蝶，在花丛中飞舞。其间粉红色的运用十分突出，乾隆时代的风格非常明显。

然而，瓶体底部却镌刻阳文楷书"景泰年制"款。这种仿制全无明代珐琅之特点，只是款识相似罢了。

另外一种仿制"景泰御前珐琅"的作品，则完全按照明代珐琅器的造型、图案和釉料特点精心仿造，基本特征同明代珐琅无大差异。

但这类仿制品的掐丝粗细均匀，规整细腻，填釉饱满，光洁明亮，较少砂眼，镀金闪亮辉煌。

■ 景泰蓝围棋子罐

这些细部的工艺特点，很明显有别于明代的珐琅作品。

如乾隆铜胎掐丝珐琅云龙纹鼎式炉，即按照库存旧器式样制造的，器形、图案及釉色均极相似，可以达到以假乱真的程度。所以曾被误认为"景泰珐琅"而珍藏。显然，这类仿制品水平很高，作品很逼真，但如果仔细观察，亦可看出其中的差异。

乾隆后期，造办处的珐琅作由于没有什么烧造活计，其官员和匠役等被合并于别处当差。这无疑限制了珐琅工艺的发展。

乾隆时期，仿古造型和仿生器物等，式样都颇为新颖。乾隆皇帝嗜古，除上面所述金银铜胎外，也常常要求把古代青铜等的造型运用到瓷胎珐琅制品中，仿古尊、彝、鼎、卣、瓿、簋等古代礼仪器的造型和图案，多有所本。但这些仿古器瓷物均展现出珐琅工艺的本色，使珐琅工艺的表现范围更加丰富。

如乾隆掐丝珐琅摩羯纹立耳三足炉，通高20.5厘米，口径18.3厘米，底径17.7厘米。炉为圆形，鼓腹，双立耳，三兽蹄形足，紫檀木盖，盖钮缺失。

通体在天蓝色地上掐丝填珐琅为纹，口沿下环饰几何形纹，口沿与双耳内侧分别阴刻细密的卷草纹和

夔龙纹 夔是神话中形似龙的兽名，夔龙纹一说为龙纹、蜗身兽纹，主要形态近似蛇，多为一角、一足、口张开、尾上卷。夔龙纹始流行于商、西周青铜及玉器上，后代的珐琅器因造型和纹饰均模仿当时的青铜器，因此也有印夔纹装饰的。

对峙的夔龙纹。

腹部饰3条首尾相随蜿蜒曲折的摩羯，口衔盛开的折枝花，各色云朵分布其间。腹下部饰一周翻滚的海水，外底饰对称的四朵缠枝莲花，中心圆形开光，内蓝地，嵌铜镀金"乾隆年制"双竖行楷书款。

同时，乾隆时期用各种动物形象做器形的制品也显著增多，除明代传统式样的甪端、狮子、仙鹤等形象之外，还出现了犀、象、羊、兔、天鸡等造型，颇有新意。

如乾隆掐丝珐琅牧人骑羊笔架，高15厘米，长16厘米，宽7.8厘米，羊身以白色釉为地，用铜丝双掐成卷毛，头部和脊背处施浅驼色釉。

羊作是昂首跪卧状，一个似蒙古汉子的放牧人头戴着赭色尖顶圆帽。上身穿蓝色夹领短衫，下着赭色长裙，侧坐于羊背之上，双手轻抚羊背，昂首仰视，悠闲自娱。

笔架下承托铜镀金长方形座，底部中心双方框内阴刻楷书"乾隆年制"4字款。该笔架釉色沉稳，掐丝匀细工致，金光灿烂，夸张的造型构思，和谐的色彩，富有浓厚的生活气息，为乾隆时期掐丝珐琅制品的上乘之作。

■ 掐丝珐琅龟形瓶

■ 斗彩缠枝花卉盖盒

十二生肖 是我国传统文化的重要部分，源于自然界的11种动物和一个民族图腾即鼠、牛、虎、兔、龙、蛇、马、羊、猴、鸡、狗、猪组成，用于记年，在中华文化圈内被广泛使用。有诸多描写十二生肖的文学作品。

棒槌瓶 即硬棒槌瓶，又称圆棒槌瓶，主要指康熙年间的式样，盘口，短直颈，圆折肩，圆筒状长腹，圈足，底部多为平切式二层台。康熙早期的棒槌瓶，器形偏矮，康熙中期以后的棒槌瓶，器形趋于细长，为了与雍正时期的棒槌瓶相区别，取名硬棒槌瓶。

再如乾隆珐琅彩人物故事纹鹿头尊，鹿头尊因形似鹿头所得名。器形硕大、端庄，直口，短颈，溜肩，圆腹，圈足。整器通体施以珐琅彩并以浅浮雕方法刻绘。肩部饰以对称的双鹿头，鹿头以金彩盖住，金光灿烂。腹部浅刻十二生肖描金图案寓意美好。底部刻有"大清乾隆年制"6字篆书款。

"鹿"与"禄"谐音，寓意吉祥，创烧于康熙朝，是清代皇室的大型陈设器，多见青花器和粉彩器。其造型一般为收口，双耳为鹿首，腹部上敛下垂，倒置器身，若鹿头或牛头，据称是模仿青铜器中尊的造型而来的。

乾隆时的鹿头尊器一般身绘缠枝莲纹饰，肩头饰螭螭双耳。鹿头尊更多为粉彩装饰，器身画面大多绘山水鹿苑，常称百鹿尊，以乾隆时期最为著名。

山峦起伏，树林茂密，溪流回环，花草争艳，大小鹿群出没其间，或奔、或跳、或行、或躺，吃草、饮水、鸣叫、嬉戏，百鹿百态。景致丰富，层次清晰，疏密有致。

百鹿尊深得乾隆皇帝喜爱。原因显而易见，其主题纹饰具有吉祥含义。"百鹿"与"百禄"同音，这种瓷尊可看作宫廷特殊等级和身份的象征。器身图案也深得乾隆皇帝喜爱。百鹿尊一般都描绘了一幅理想化的帝王狩猎场景。

此外，这种珐琅彩瓷器本身纹饰特别精美，将广阔的山水浓缩于这种梨形器之上，百鹿尊狭窄的肩颈处，远处山峰的描绘呈现了一幅放大的透视山水画。

珐琅彩瓷发展到乾隆时代，又进入了一个辉煌时期。乾隆皇帝儒雅好古，对于康熙、雍正时期遗留宫内的珐琅彩瓷更视为珍宝。

除承前制继续在宫中烧制外，并为每件器物配制楠木匣钵，专门储藏于乾清宫珐琅彩瓷的专库内。

档案记载：乾隆六年正月初八，太监于丙森来说，"太监高玉等交瓷胎珐琅红地锦上添花茶碗一对，黄地锦上添花五寸碟一对。传旨：着配匣入乾清宫珐琅器库内，钦此。"乾隆还诏令翰林院的翰林们为这批珍宝整理编目。

乾隆时期珐琅彩瓷在数量上远远超过了康熙、雍正两朝，器形更加丰富，仅瓶类就有蒜头瓶、双连瓶、葫芦瓶、双耳瓶、棒槌瓶等多种造型，此外还有茶壶、酒盅、方盒、盖碗、圆盘等，碗、碟类器皿数量也明显增多。

如乾隆铜胎画珐琅包袱盖罐，以画珐琅工艺装饰器表，罐身为黄地，在黄底上绘满了不同的转枝花卉，争相盛开，枝叶蔓蔓，罐子的内胎上着淡

乾隆铜胎画珐琅包袱盖罐

粉彩百花图葫芦瓶

蓝色釉。盖顶上镶有一个小圆钮，海蓝色云头纹外为一圈玉兰与牡丹的结合纹饰，淡雅与富丽交织，别有一番滋味。

再如御制珐琅彩"古月轩"题诗花石锦鸡图双耳瓶，高16.5厘米，"乾隆年制"蓝料款，卷草形双耳，肩部饰卷草如意，主题纹饰为锦鸡花石。

此器为乾隆皇帝特别烧制的赏玩器，西洋画风和传统水墨相结合，惟妙惟肖，秀丽别致，"新枝含浅绿，晓萼散轻红"两句题诗，更添文人气息，为乾隆珐琅彩精品。还有乾隆"古月轩"珐琅彩内佛手果子外花石纹题诗碗，"乾隆年制"蓝料款，碗心绘佛手果子纹，碗外壁绘花石纹，并配有"迎风似逐歌声起，宿雨那经舞袖垂"题诗。

阅读链接

意大利籍的清宫廷画家郎世宁来到我国，由于他多才多艺被康熙帝招为宫廷画师，郎世宁从清朝的康熙、雍正、乾隆都为宫廷绘画，特别是乾隆朝，他花了30年的精力为宫廷画出了不少的精品作，在瓷器的珐琅彩画中他的贡献最大。

郎世宁的西方绘画艺术与我国的传统绘画艺术不同，他主张以视角绘画，而我国的宫廷画师都依照宋人郭熙定的原则作画，在山水画中，"画山盈丈，树木盈尺，马盈寸，人物盈十分之一寸"。

郎世宁的绘画多采用以视角、立体、透视、明暗、写实、解剖、准确、细腻等特点结合起来。

弥足珍贵的清晚时珐琅器

嘉庆及其以后时期，珐琅器的烧造呈萎缩局面。虽然数量有所减少，但质量还是比较精细的。

如嘉庆珐琅彩鼻烟壶，此壶扁瓶造型，浑圆饱满，配红珊瑚盖钮，器身以珐琅彩绘饰。双面开光，分别绘制花鸟两组。一面双鸟比翼齐飞，形象逼真。

另一面一鸟落于花丛之中，一鸟欲落还飞，相视顾盼，意趣盎然。此器开光以红料勾边，底以红料书"嘉庆年制"四字楷书款。

嘉庆时期，铜胎掐丝珐琅作品仅见盘、盌之类。总体工艺制作水平都不及前代，掐丝珐琅的胎体较薄，色彩鲜艳。这个时期的"老天利""德兴成"等作坊制作出的掐丝珐琅工

清代掐丝珐琅牡丹纹扁壶

铜珐琅熏炉

细，质量较好。

如老天利景泰蓝红榴福祉，是一件比较少见的石榴形器。石榴在我国的传统文化中代表着"榴开百子""宜男多子"，与寿桃和佛手在一起一般都寓意"多福多寿多男子"，同时也反映了古代大多希望

后继有人、人丁兴旺、接代续祖的思想。而且，石榴也有纳福迎祥之寓，就像葫芦象征福禄一样，都被视为吉祥品。

此件老天利景泰蓝红榴福祉作品在纹饰中，上下口以蝙蝠寓意为"齐天洪福"，中央为缠绵不断的蔓草纹，形成的五个光子中饰"福、寿、禧、禄、财"。

在此件景泰蓝产品的制作原料与工艺上也比较特殊，其底座设计了铸錾配饰，使榴的写实枝干和叶，与整个榴体相结合；器冠则是玉制品的写实枝干和叶，与榴体相结合。头部为玉制镶嵌，形成榴嘴。正是所有的这些构成了一件完美的景泰蓝手工艺品"红榴福祉"。

而老天利景泰蓝进财尊则有别于其他尊类制品，造型也很独特，它的底部是三足，三足在我国传统文化中寓意是"三足为水，水者，财也"。并且此进财鼎的盖子也很独特，它的盖钮是一头黄牛站在元宝之上，寓意着勤劳致富。

所以整件景泰蓝产品各个制作细节都充满了财源滚滚之势，祝福人们财源茂盛，生活幸福，是景泰蓝产品中的佼佼者。

嘉庆时一些民间珐琅作坊所烧造的掐丝珐琅器物，造型较多为仿

珐琅精工

珐琅器与文化之特色

古铜器，或仿乾隆时期的一些掐丝珐
琅精品，器物上的款识大都是刻款。

如铜胎掐丝珐琅香炉，这是一件
古代艺术珍品，像类似的掐丝珐琅彩
的大器，一般老百姓家里是没有的，
一般都是王公贵族，宗庙、寺庙中的
一种陈设器、祭器和礼器，这件东西
制作得很精美，既庄重又华丽，上面
刻有"大清乾隆年制"。

但是乾隆的掐丝珐琅彩胎体比较
厚重，它则比较薄，清代早期的掐丝

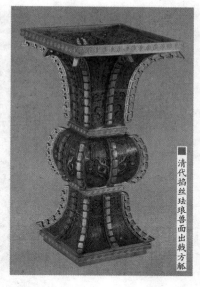

■ 清代掐丝珐琅兽面出戟方觚

珐琅彩砂眼比较多，而到了晚期以后砂眼问题解决了，清代早期包括
乾隆珐琅彩掐丝断裂的痕迹比较多，而这件比较少，而且"大清乾隆
年制"款写得比较小气，通过这四点来看，这件东西应该是清代晚期
的作品。

■ 景泰蓝执壶

道光时，掐丝珐琅甚少，
以1825年由养心殿造办处珐琅
作烧造的永陵掐丝珐琅五供为
代表，其造型、图案、掐丝、
珐琅均接近乾隆晚期风格。五
供包括两件觚、两件烛台、一
件香炉，常用于祭祀等场所陈
设。而且此掐丝珐琅五供器形
较一般寺庙佛堂内的陈设五供
要大得多，又以掐丝珐琅工艺
制成，因此弥足珍贵。

■ 清代画珐琅法轮

吉祥结 又称盘长、盘肠，原为佛教法器之一。是因为绳结的形状连绵不断，没有开头和结尾，用它来表示佛法回环贯彻，含有长久永恒之意。正因为盘长代表了绵延不断，民间由此引申出对家族兴旺、子孙延续、富贵吉祥世代相传的美好祈愿，中国结正是盘长纹的演化。

此后，养心殿造办处珐琅作制品渐渐变少。同治帝后内廷所需掐丝珐琅完全依靠北京民间厂肆供应，但也不乏精品。

如掐丝珐琅八吉祥，高为35.2厘米至35.9厘米。八吉祥分别是宝盖、宝伞、双鱼、莲花、宝螺、吉祥结、宝幢、法轮等。

法轮象征佛法圆满、旋转不停；螺声使佛法远播；宝伞是胜利的番旗；华盖言佛法庇护众生；莲花喻洁净澄明；宝罐装盛净水；双鱼是丰足富裕的象征；吉祥结盘绕不绝，象征佛法永恒无止境。

这一组八吉祥掐丝珐琅作品都是放在宝瓶莲花座之上的，以铜胎掐丝珐琅的工艺制作而成，工艺精美。到了清末光绪、宣统时期，由于金属胎掐丝珐琅器"景泰蓝"具有鲜明的民族风格，受到了一些西方国家的青睐，成为一种可获得利润的出口商品，因而刺激了宫廷以外商营作坊的生产。

在这种情况下，民间掐丝珐琅工艺有了稍许恢复和发展。同治年间的掐丝珐琅制品，大多以浅黄色釉为地，饰红、绿彩图案，掐丝均匀细腻。

一段时间里，北京地区除"老天利""德兴成"外，还先后建立了"洋天利""静远堂""志远堂"等专营铜胎掐丝珐琅的私人商号和店堂，以老天利、德兴成的质量上乘，器形工整，多仿古器造型或乾隆精品造型，款识多刻款。

据有关资料记载，景泰蓝出口始于清道光年间。老天利制作的《宝鼎炉》分别在美国芝加哥世界博览会和巴拿马万国博览会上两次荣获一等奖。至此，景泰蓝在国际上声誉大震。

如老天利景泰蓝富贵八环杯，高38厘米，圆杯的直径是23厘米。这件景泰蓝上下分别配环的位置象征着连绵不绝的花草拐子纹，寓意着长生不老、子孙连绵、富贵万代，同时还有着花草的那种勇敢顽强的意志，互相挟持，以及永不止步、永不言败坚持不懈的理念。

同时，北京地区私营珐琅器"宝华生"商号也制作出了精美的作品。如有一件"宝华生"掐丝珐琅龙凤纹瓜棱瓶，纹饰规整，具有典型的清晚期艺术风格，珐琅瓶高32.5厘米，口径11厘米，足径12厘米。铜胎镀金，六

瓣瓜棱式，长颈，垂腹，圈足外展，纹饰规整，色彩鲜艳，釉色达十几种之多。

花卉蝠蝠纹碗

通体施浅黄色珐琅釉为地，颈、肩饰彩色勾莲纹、寿桃和牡丹纹；腹部6个开光内以掐丝云纹为地，上饰龙戏珠纹及凤戏牡丹纹，其下衬海水、山水。

此掐丝珐琅瓶珐琅釉色鲜艳而丰富。底阴刻五星"生"字商标，并环錾阴文楷书"北京宝华生记"款，说明此瓶是晚清宫廷从北京私营掐丝珐琅商号所购之器。

此外，皇室也开设了如"印铸局""大清工艺局"等宫营作坊，运用了掐丝珐琅的工艺技术，制作金属珐琅器和诸如奖章、奖杯之类的制品。

代表作品如银胎掐丝珐琅蕉叶纹兽耳瓶，高17.8厘米，口径7.2厘米，足径7.3厘米。此瓶造型仿古青铜器式样，瓶银胎，广口，垂腹，圈足，双兽耳。

颈施白色珐琅釉为地，饰蓝色釉蕉叶纹，耳下环周八出戟；腹施绿色釉地，蕉叶纹内饰兽面纹，足墙饰蟠夔纹。底方框内镌

清代珐琅高足炉

阳文"印铸局勋章制造所制"9字
隶书款。

清后期珐琅器不仅大型器物
数量渐少，而且器物造型更加不
拘一格，有的也与同时期的瓷器
造型一致，如温酒器、长方盒、
圆形粉盒、笔洗、碗、盘等。

民间以蝙蝠为题材的吉祥图
案非常多，如以许多蝙蝠与桃或
寿字组合的图案即为"多福多
寿"；以蝙蝠与古钱搭配的图案
即为"福在眼前"；面盆等池内5只蝙蝠即为"五福和合"等。这类吉
祥图案广泛用于民间工艺的各个门类。

如清后期珐琅五福捧寿纹面盆，五彩的蝙蝠映衬蓝底，有一种华
丽之美。盆壁饰有"寿"字。"蝠"与"福"同音，象征福寿连绵。

五福捧寿原为年画常见题材，传统吉祥图案。《书·洪范》：

> 五福，一曰寿，二曰富，三曰康宁，四曰攸好德，五曰
> 考终命。

福是人们孜孜以求向往的人生目标。又以寿为重，故民间自古就
有"五福寿为先"的说法。蝙蝠的"蝠"与"福"字同音，"五蝠"
即代表"五福"。"五福"围绕一个"寿"字，即为"五福捧寿"。

到了清末，珐琅器更加胎薄体轻，有的借助于机械成型的方法，
器形规矩。由于金属拉丝技术的运用，掐丝匀细，线条流畅。

如晚清珐琅彩凤尾尊，该尊高24.5厘米，撇口，直径11.1厘米，圈

足直径6.5厘米，二层台底足，其整体造型十分标准，尊体的弧线特别简洁流畅，显示出拉坯工匠极为精湛的手艺，其纹饰布局分为两个部分，分别被上中下三周边饰所分隔，边饰圈内的图案由红、黄两色的六角形花纹和绿色的折枝纹组成，具有较明显的晚清风格。

凤尾尊上部的纹饰内容有山石、古藤树、花草和锦鸡，其中，山石左上方有一朵特大的鲜花是以金红珐琅彩绘制，鲜艳而美丽。两只锦鸡分别立在藤枝的上下相对而鸣，它们的羽毛和长尾被各种釉色渲染得淋漓尽致，令人赏心悦目。

下部的纹饰内容有湖石、古藤树、花草和喜鹊。湖石的画法颇为用心，能透过石洞看到后面的花草，充分表达了湖石瘦、漏、透的审美要求。

古藤树画得粗壮而弯曲，树皮上的褶子历历在目，显得苍劲而富有古韵。有两只喜鹊栖于枝头，其中上面的那只弓着身、曲着颈，朝着下面的那只鸣叫，形态十分传神。

在不远处，又有两只喜鹊正在翩翩飞来，画面寓意"四喜临门"，图案的设计令人叫绝。湖石的上方刻出一花枝，枝头上盛开着

清代掐丝珐琅火盆

一束硕大的鲜花，以典型的天蓝珐琅彩绘制，给人以高中典雅的感觉。艺术效果十分突出。

另外，草地上、枝头上，又有数不尽的大小花朵竞相绽放，被风吹落的花瓣和彩蝶并肩起舞，一幅春意正浓、万物兴盛的景象。

同时，晚清珐琅器的填料饱满，釉面光洁，砂眼少而细小。作品的釉色多变，有以赭红、淡黄、苹果绿、灰白和墨色釉作地者，前期那种以浅蓝色釉为主色调的作品减少。

■ 清代珐琅彩人物图瓶

如清广珐琅八宝纹面盆，高14厘米，口径47.5厘米，足径34厘米。面盆圆形，折边，口沿鎏金，矮圈足。盆内外壁均以银片贴饰花卉纹，通罩宝蓝色透明珐琅釉，银片花纹透过珐琅釉若隐若现，展现出朦胧之美。盆内壁釉上与折边以金片分别贴饰八宝纹与暗八仙纹。

而此时珐琅器的图案装饰多以折枝花卉为主，亦常表现整株的花卉及花鸟虫鱼。花朵和花叶的翻卷转折层次较多，注重色彩的晕色效果，有浓厚的韵味。

如珐琅彩人物故事螭龙双耳瓶，撇口、长颈、螭龙双耳、丰肩、圆腹、圈足。胎质细致，釉色白净，形制秀美。口、肩、底部蓝料绘制回纹、如意纹、变

湖石 即太湖石，又名窟窿石、假山石，是一种石灰岩，有水、旱两种，最早眼宛转险怪势，形状各异，姿态万千，通灵别透的太湖石，其色泽最能体现"皱、漏、瘦、透"之美，其色泽以白石为多，少有青黑石、黄石，有很高的观赏价值。

■ 清代珐琅描金镂空瓶

珐琅精工

珐琅器与文化之特色

扇面 顾名思义，就是扇子形状的一个面。在我国历史上，历代书画家都喜欢在扇面上绘画或书写以抒情达意，或为他人收藏或赠友人以诗留念。存字和画的扇子，保持原样的叫成扇，为便于收藏而装裱成册页的习称扇面。中国扇文化有着深厚的文化底蕴，是民族文化的一个级成部分，中国历来有"制扇王国"之称。

形蕉叶等十一道辅助纹饰，红料饰透雕螭龙双耳，红、蓝双色相间，互为抢目争艳。

双耳瓶的腹部主题纹饰则以红、蓝、绿、黄、紫等珐琅彩绘以人物故事，正面为宽大正厅间一鹤须童颜老翁诗兴勃发坐于书案前，两眉清目秀年轻女子一前一侧婷婷傍立，老翁身后书柜古书层层叠叠，柜前大扇立地屏风一幅山水诗文图，案侧假山盆花，又侧圆穹门外廊房深深庭院青翠，反面绘博古景。

整器构图完美，画笔精致，色彩雍容华贵。珐琅彩多见小件制品，该瓶通高33.5厘米，且完美成对承传，实属不易。

晚清宫廷样的画珐琅器画工精美细致，釉色温润细腻，多以明黄色作地，具有浓厚的皇家气息，造型多以各式瓶为主，式样多有变动。

如同治时期宫廷制作的掐丝珐琅年年益寿盖碗，此盖碗的器型很是工整，镀金灿烂，是清朝造办处珐琅作所制之珐琅器。

尤其是一件珐琅碗的足底錾阴文楷书"同治年制"款。同治年款的掐丝珐琅作品极其少见，从掐丝珐琅碗就可以一窥这一时期珐琅器制作的艺术特点了。

晚清时仿造景泰年制的珐琅作品，其器型、花纹图案和釉料色彩，均与原器相差甚远，给人以飘逸之感，而不似明代沉稳凝重的风格。

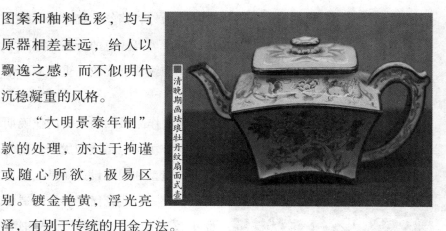
■ 清晚期画珐琅牡丹纹扇面式壶

"大明景泰年制"款的处理，亦过于拘谨或随心所欲，极易区别。镀金艳黄，浮光亮泽，有别于传统的用金方法。

如清画珐琅牡丹纹扇面式壶，通高9厘米，口径5至6.4厘米，足径5.1至6.2厘米。壶铜胎，腹呈扇面形，曲流，螭形柄。通体黄色珐琅地画珐琅纹饰，盖面绘粉红色秋葵纹，钮作花蕾，流、柄饰螭纹，壶身四面绘写生牡丹花。

壶底铺白色珐琅，中央红色双线方框内署红色楷书"大明景泰年制"6字款。此壶造型独特，色彩艳丽，黄色地上之各色牡丹尽显宫廷富贵之气。

■ 粉彩人物纹笔筒

晚清出现了大量的仿品，"达古斋"款掐丝珐琅袱系纹笔筒属晚清珐琅作坊名号，其笔筒的造型与风格与"志远堂"款笔筒如出一辙。

如"志远堂"珐琅书卷式笔筒，通高9.5厘米，口径有8.5厘米，足径略小有6.7厘米。笔筒以浅蓝

■ 清代景泰蓝水丞

色珐琅为地，掐丝填红、黄、蓝、白、绿、黑等颜色的折枝花卉及秀石纹，花纹装饰比较注重色彩的晕染效果。

这件作品虽然是出自清代晚期的民间作坊，但是造型优美，制作精良，造型和图画设计颇具匠心，而且，此书卷式笔筒景泰蓝的造型也比较独特，做成了大小两书卷式，装饰掐丝珐琅锦袱纹，底作如意云头式足一周，口部饰一红色珐琅长方形框栏，上有掐丝填黑色珐琅"志远堂"款。

恭亲王奕䜣是道光帝的第六子，咸丰帝的六弟，同治和光绪帝的六叔，经历了王朝的一系列变动，为"洋务派"领袖，是晚清颇有作为的皇室成员。

清光绪恭王府有一套定制的掐丝珐琅福寿纹五供，高分别为64厘米、48.5厘米、54厘米、48.5厘米和54厘米，五供保存完整，掐丝线条均匀，清晰流畅。釉面平滑光亮，砂眼少，色彩丰富，为清晚期珐琅精品。

此五供通体饰锦地福寿纹，正面填金书"恭忠亲王"，背面书"侧福晋"。"忠"为奕䜣谥号，故此五供应制于1898年恭亲王去世后的光绪晚年，是恭王府家庙中为恭亲王侧福晋供奉之物。

"如意"在我国是一种代表吉祥的珍玩，大多采

洋务派 清朝末年，林则徐等一些较为开明的官员主张利用西方先进的生产技术，强兵富国，摆脱困境，维护清朝统治，魏源《海国图志》一书中阐明了"师夷长技以制夷"的思想，这些官员被称为"洋务派"。洋务派在中央以恭亲王奕䜣、文祥为代表；在地方以曾国藩、李鸿章、左宗棠、张之洞为代表。

用玉、翠、檀木、竹根等制成。

清代填珐琅五供

它的头部是心字形，曲柄有些弧度，呈弯曲状，这种造型是唐代以后才确定下来并流传至今的。

如意造型的变化和发展在清代达到了最高水平。这一时期的如意，不仅在数量上大大超越前代，而且更加注重材质的精美、工艺的精巧、纹饰的古雅。清代如意的形制十分丰富，单柄首就有葵瓣、云头、莲花、灵芝等不同样式。

如意成为皇宫里的珍玩，宝座旁、寝殿中都摆设如意，以示吉祥、顺心。每一件如意的工艺造型都极为精美，有珐琅如意、木镶嵌如意，天然木如意、金如意、玉如意等。

清代中后期，如意在民间也越来越普遍，逢年过节、寿诞婚嫁都用如意做礼物，贵重的如意还被用作镇宅之宝，成为人们身份、地位的象征。

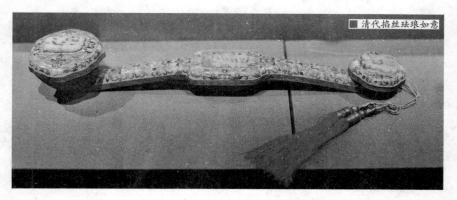
清代掐丝珐琅如意

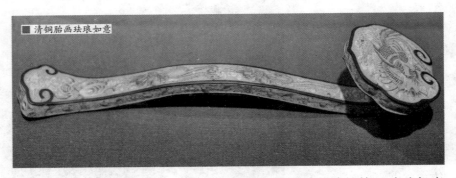
■清铜胎画珐琅如意

　　如清晚期楠木雕嵌珐琅如意，全长62厘米，顶端的掐丝珐琅如意云头，长18厘米，宽14厘米；中部镶嵌的掐丝珐琅长17厘米，宽9厘米；底部镶嵌的掐丝珐琅长11厘米，宽10厘米。整个造型精巧，曲柄有些弧度，呈弯曲状。掐丝珐琅和木质手柄上都装饰有福、禄、寿三多的图案。

　　这件如意雕刻的福禄寿，是用楠木制作的，在这个如意上以"三镶"技术，嵌有三块掐丝珐琅片，掐丝珐琅上绘的是八仙的图案，八仙图案在古代就是祝寿的吉祥寓意，在这个图案上又刻了佛手、桃和石榴，代表福禄寿，它又有八仙的纹饰在上，就表示福、禄、寿，福寿双全的意思。

阅读链接　　珐琅器的制作工艺，从传入以后，经历了漫长的发展、成熟和创新过程，很快便为中华民族传统艺术所融合，并成为世界金属胎珐琅工艺中的一枝奇葩。成为我们民族的特种工艺。

　　由于生产工艺复杂，材料的不可替代性，使得其价值较高，是收藏、馈赠的珍贵艺术品。